Christian Salvesen
Eckhart Tolle
Inneres Erwachen und ein Leben im Jetzt

Christian Salvesen

Eckhart Tolle

Inneres Erwachen und ein Leben im Jetzt

Aquamarin Verlag

Christian Salvesen
1951 in Celle geboren, Magister der Philosophie, Literatur- und Musikwissenschaften (1976 an der Universität Hamburg), Komponist und Musiker, arbeitet seit 1980 freiberuflich als Journalist/Redakteur und hat etliche Bücher veröffentlicht, darunter „Advaita", „Der Sechste Tibeter" und „Liebe – Herz aller Weltreligionen".
In den 80er Jahren leitete er in eigenen erfolgreichen Rundfunksendungen beim WDR und NDR zur Meditation und zum Bewussten Hören an.
Christian Salvesen lebt mit seiner kanadischen Ehefrau in der Nähe von München.
Info: www.christian-salvesen.de

Deutsche Originalausgabe
2. Auflage 2023

Voglherd 1 • D-85567 Grafing

Umschlaggestaltung: Annette Wagner
unter Verwendung von © 245614225/ Merkushev Vasiliy – shutterstock.com

Druck: Ebner & Spiegel • Ulm

ISBN 978-3-89427-781-9

INHALT

EINLEITUNG

Ich las gerade wieder einmal Eckhart Tolles berühmtes Buch „Jetzt – die Kraft der Gegenwart“ und spürte dabei in meinen Körper hinein, wie es dort empfunden wird. Es stellte sich tatsächlich eine tiefe Ruhe und Ausgeglichenheit ein. Die Gedanken waren deutlich weniger und langsamer. Aus dem Radio erklang klassische Musik. Dann kamen Nachrichten. Eine aufgeregte Stimme berichtete von Schüssen bei einem Einkaufszentrum in München. Es könnte sich um einen terroristischen Anschlag mit mehreren Toten handeln. Meine Reaktion darauf war erstaunlich ruhig. Die Nachrichten liefen noch einige Minuten mit Mutmaßungen weiter, es kam wieder Musik – und ich widmete mich dem Buch und dem inneren Spüren.

Später rief mich meine Frau an. Sie war im Auto unterwegs vom Norden Münchens zu uns nach Hause am Tegernsee und stand im Stau, nachts um 23 Uhr. Der gesamte öffentliche Verkehr der Großstadt war stillgelegt worden, die Polizei fahndete nach angeblichen Attentätern auf der Flucht. Das war auch der Grund, warum meine Frau erst zwei Stunden später zu Hause eintraf: Polizeikontrolle an der Autobahnraststätte.

Ich schaute immer wieder die Nachrichten im Fernsehen. Verängstigt wirkende Nachrichtenmoderatoren, die sich über Reporter vor Ort zur aktuellen Lage erkundigten. Entweder klappte die Verbindung nicht oder die Auskünfte waren spärlich. Bilder von herumirrenden Menschen mit Handys in der Hand. Normalerweise wäre die in den Medien verbreitete Stimmung der Angst auf mich übergesprungen. Doch diesmal nahm ich das alles ganz gelassen wahr, stets innerlich verbunden mit einer stillen Kraft.

Die Aufregung hatte laut den Medien die ganze Welt erfasst. Es wurden angeblich noch in der Nacht Sicherheitsberatungen in Berlin abgehalten, Präsident Obama sprach Mut zu. Der Untergang der Welt schien kurz bevorzustehen. Am nächsten Tag stellte sich heraus: Es war kein Terroranschlag des IS, sondern ein einzelner verzweifelter Amokläufer. Für die Angehörigen der neun Todesopfer und die vielen Verletzten war das kein Trost, sondern immer noch furchtbar – wie der Untergang der Welt. Ich fühlte mit, blieb aber innerlich gelassen und friedlich.

Mir scheint, es ist bei mir genau das eingetroffen, was Eckhart Tolle mit seinem Buch „Jetzt“ vermitteln wollte: Die innere Verbindung mit einer Dimension jenseits des Verstandes und der Angst.

Es ist sehr wahrscheinlich, dass die Bedrohungen und die Unsicherheit in der Welt noch zunehmen. Die Art, wie die Medien mit beunruhigenden Situationen umgehen, ist leider nicht geeignet, die Menschen aus ihrer Angst herauszuholen. Nachrichten sind (wie praktisch alles in unserer Welt) längst zur Ware geworden, die sich möglichst gut verkaufen lassen muss. Das heißt: Sie müssen sensationell und schockierend sein.

Wenn Eckhart Tolles Beobachtung stimmt, dann liegt die Wurzel aller Probleme und aller negativen Emotionen wie Angst oder Wut darin, dass sich die Menschen mit einem falschen Selbst identifizieren. Sie leben, von wenigen Ausnahmen abgesehen, in der Illusion der Trennung. Hier bin ich, eine Person, die ständig ums Überleben kämpfen muss, dort draußen ist die Welt, mitsamt all den anderen, die mich bedroht. Ich bin das, was ich von mir wahrnehme, ein vergänglicher, anfälliger Körper und eine ständige Abfolge von Gedanken und Emotionen, die sich entweder auf die Vergangenheit oder auf die Zukunft beziehen.

Mit diesem Selbstverständnis ist das Unglück(lichsein) vorprogrammiert. Und es kann nur noch schlimmer werden. Das einzige

Heilmittel ist, sich aus der falschen Identifikation zu lösen und die wahre Natur des Selbst zu finden und zu sein. Das geschieht nicht durch Theorien, sondern durch die ständige Praxis. Ich spüre jetzt, während ich lese, in meinen Körper hinein. Vielleicht nehme ich ein Kribbeln wahr, eine Wärme, den einströmenden Atem, eine Art Druck oder eine angenehme Leichtigkeit, wie Nichts. Indem ich die Aufmerksamkeit auf die Empfindungen richte, entziehe ich dem Kreisen der Gedanken Energie. Ich erlebe diesen Moment, statt mich in Gedanken zu verlieren wie „hätte ich" oder „könnte ich doch".

Eine so einfache Übung soll zur Befreiung von Angst und Schmerz führen und der Schlüssel zu einem neuen Bewusstsein sein? Das scheint unglaublich! Das ist unglaublich. Weder Glaube noch Beweise können mich an den Punkt bringen, wo ich weiß und fühle: Ich bin nicht nur diese begrenzte Person, ich bin mehr als der sterbliche Körper. Ich bin in Wahrheit ewiges Leben, jenseits von Angst und Leid.

Der Knackpunkt ist: Das falsche Selbst, das Ego, wehrt sich vehement gegen diese Erkenntnis. Es will die Kontrolle behalten. Was die Weisheitslehrer seit Gautama Buddha oder Jesus Christus zu vermitteln suchen, nämlich dass das Ego, die getrennte Person, eine Illusion ist, hat immer nur wenige Menschen so getroffen, dass sie sich dem hingaben, was wirklich ist. Diesem einen zeitlosen Jetzt.

Es ist Eckhart Tolle zu verdanken, dass heute womöglich mehr Menschen als je zuvor ganz praktisch üben, gegenwärtig zu sein und sich innerlich gut zu fühlen. Er gilt neben dem 14. Dalai Lama als bedeutendster und bekanntester spiritueller Lehrer unserer Zeit. Inhaltlich bringt er auf den Punkt, was die Erwachten Meister schon immer gesagt haben. Er lässt dabei alles weg, was die Sache selbst oder den Lehrer überhöht und verklärt. Zugleich legt er den Finger auf die Wunde:

„Das Erwachen der Dimension der Transzendenz ist das Wichtigste, was im Leben eines Menschen geschehen kann. Und das

Unglaubliche ist, dass in unserer Zivilisation praktisch niemand davon spricht. Den Kindern wird es nicht beigebracht und den Studenten auf der Universität auch nicht. Wir werden vollgestopft mit Wissen, ohne das Wissen um das Kostbarste, was es gibt, und ohne das unser Leben gar keinen Wert und keine Erfüllung finden kann."

Wenn Eckhart Tolle – wie hier in seinem Vortrag in Karlsruhe 2010 – empfiehlt, die „Dimension der Transzendenz" in unser Leben zu integrieren, könnte man denken, er meine etwas geradezu Unmögliches. Alle Weisheitslehren und Religionen haben mit Begriffen wie „Gott", „Brahman", „das Absolute" zu vermitteln versucht, dass es eine Macht oder Dimension gibt, die über unsere begrenzte persönliche Perspektive unvorstellbar weit hinausreicht. Doch was war und ist das Ergebnis aller dieser traditionellen spirituellen Lehren? Die Anbetung eines Gottes – und Kriege, die darum geführt werden, wie diese Anbetung ablaufen soll. Oder es geht darum, einem übermenschlichen Guru zu folgen. Wobei auch hier die Anhänger meist um die Gunst des Meisters eifern und sich gegenseitig bekämpfen. Offensichtlich ist der Glaube an ein Jenseits und ein Höheres Wesen nicht die Lösung.

Eckhart begann seinen Vortrag in Karlsruhe so:

„Ich freue mich, hier zu sein, bei euch, in meiner Heimat, in der ‚Stadt der Ruhe'. Dies sind die ersten Worte in Deutsch seit zwei Jahren, mit Ausnahme von heute Mittag, als ich sagte: ‚Ein Flammkuchen bitte.' Ich werde also langsam sprechen, aber das ist gut so, denn der Raum zwischen den Worten ist eigentlich wichtiger als die Worte selbst. Wir können bemerken, dass Stille da ist, zwischen den Worten und im Raum, und wenn wir der Stille Aufmerksamkeit schenken, ihrer gewahr werden, dann wird der normale Strom der Gedanken unterbrochen, und wir erkennen eine Dimension der Tiefe, der Transzendenz in uns."

In diesem Buch geht es um Eckhart Tolle und seine Lehre. Ich sehe in dem, was er sagt und wie er es sagt, eine enorme Chance, dass sich noch sehr viel mehr Menschen für das öffnen, was er die „Dimension der Transzendenz“ nennt. Immerhin hat er bereits mit seinen geschriebenen und gesprochenen Worten weltweit viele Millionen Menschen erreicht.

Mitte 2016 scheint die Welt in einem Tsunami von Gewalt, Fanatismus und kapitalistischer Gier unterzugehen. Zugleich ist die andere, „bewusste“ Seite womöglich stärker als je zuvor. In den Mainstream-Medien und der die öffentliche Meinung beherrschenden Kultur-Politik ist sie jedoch noch kaum bemerkbar. Erfolgsautoren wie Eckhart Tolle und der Dalai Lama sind da die Ausnahme.

Gemessen an dem enormen Erfolg, den Eckhart Tolle mit seinen Büchern und öffentlichen Auftritten Live oder im Internet hat, gibt es bisher auffallend wenige Bücher über ihn und seine Lehre. Diese Lücke zu füllen, ist ein äußerer Grund für dieses Buch. Der innere Grund ist stärker.

Für mich als Autor ist die Beschäftigung mit Eckhart Tolle nicht neu. Ich habe seit 2003 immer wieder Artikel über ihn in verschiedenen Magazinen veröffentlicht. Er ist auch in meinen Büchern „Die Erleuchteten kommen“ und „Advaita“ vertreten.

Das Thema „Jetzt“ beschäftigt mich seit einem mystischen Einheitserlebnis, das ich mit 18 Jahren hatte. 1991 wurde ich dann Schüler von Barry Long, der auch Eckhart Tolle eine gewisse Zeit in London anleitete. Es ging mir stets um die Frage: Wer oder was bin ich – jetzt? Was ist Bewusstsein? Bin ich Das?

Ein großer Teil dieses Buches bleibt so nah wie möglich an Eckhart Tolle. Dazu gehört zunächst seine individuelle Geschichte, das Erwachen, sein Leben danach, seine „Eigenart“, die Verbreitung seiner Lehre. Dann die Lehre selbst. So einfach und doch so vielschichtig! Was Eckhart vermittelt, umfasst unser aller Leben. Er schreibt und spricht so klar, verständlich und berührend, dass seine Worte nicht erklärt oder paraphrasiert werden müssen. Das bedeutet allerdings nicht, dass seine Gedanken nicht weiter ausgeführt und in anderen Zusammenhängen beleuchtet, ja zum Teil auch hinterfragt werden könnten.

Dabei werden nicht nur Worte von Eckhart zitiert oder sinngemäß wiedergegeben. Auch andere spirituelle Meister, vor allem jene, die er selbst als wichtig bezeichnet, werden in ihrer Verbindung zu Eckhart Tolle vorgestellt: Meister Eckhart, Ramana Maharshi, Jiddu Krishnamurti, Barry Long, Sri Aurobindo, Ken Wilber und Tony Parsons. Auch die wissenschaftlich-philosophische Bewusstseinsforschung und was Manager mit der „Kraft der Gegenwart" anfangen, fließt mit ein in die Betrachtung der Lehre von Eckhart Tolle.

Die leitenden Fragen sind hier unter anderen: Wer oder was bin ich? Was ist Identifikation? Was bedeutet Transzendenz? Wie kann ich gegenwärtig sein? Was ist Bewusstsein? Wie entwickelt es sich weiter? Welche Rolle spielt die Natur? Was ist der Tod? Was ist Liebe?

TEIL 1

KAPITEL 1

„Der Anti-Guru“ – Eckhart Tolle als Mensch und Lehrer

Fürstenfeldbruck, 2007

Würde man einen Showstar erwarten, könnte die kleine unscheinbare Gestalt, die nun die Bühne betritt, für eine Randfigur gehalten werden – jemand, der noch einmal kurz das Mikrofon überprüft oder den Stuhl zurechtrückt, bevor der eigentliche Star auftritt. Tatsächlich bleibt es auch still in der großen Halle in Fürstenfeldbruck bei München, wo über 1000 Menschen im Dunkeln sitzen. Kein tosender Applaus. Der kleine Mann legt kurz seine Hände vor der Brust zu einem Gruß aneinander, in Indien als „Namaste“ bekannt, setzt sich vorsichtig auf den einfachen Stuhl, zieht das an einem Stativ befestigte Mikrofon näher zum Mund – vielleicht doch nur ein Test? Nein. Die Stille im Raum hat sich spürbar vertieft und knistert zugleich vor gespannter Erwartung. Alle haben Eckhart Tolle erkannt und den ehrerbietigen Gruß erwidert. Und doch: Der erste Eindruck, dass dieser Mann, dessen auffälligstes Merkmal die Unauffälligkeit zu sein scheint, eher eine Art Vorbote und nicht das eigentlich Wichtige ist, weist in die richtige Richtung. Der wahre Star dieses Abends ist kein Mensch, sondern das, worin alles ist: Stille, Präsenz, Bewusstsein.

Wie konnte es dazu kommen, dass ein so unscheinbarer Mann zum heute bekanntesten spirituellen Lehrer eines überpersönlichen Bewusstseins wurde?

Vielleicht gerade weil Eckharts äußere Erscheinung, seine Haltung, seine Gestik so gar nicht dem entsprechen, was wohl die meisten Menschen mit Erfolg, „gestandener Persönlichkeit" oder auch einem charismatischen Guru verbinden. Schauen wir uns an, wie Politiker auftreten, die behaupten, sich ganz in den Dienst einer Sache zu stellen. Bei der ersten Kritik ereifert sich der ach so selbstlose gewählte Volksvertreter mit einem Schwall von Worten, wobei ein Wort besonders laut ertönt: „Ich." „Habe ich nicht bei der letzten Wahl schon gesagt…?" Und sieht es nicht ganz ähnlich bei vielen Filmstars aus? Deren Beruf ist es eigentlich, die eigene Person zurückzustellen und ganz in die Rolle eines anderen zu schlüpfen. Sie beherrschen diese Kunst, die eigene Identität vorübergehend aufzugeben. Und doch: Wenn sie dann bei der Preisverleihung auftreten, ist das alte Ego wieder voll da, blitzt eine gehörige Portion Eitelkeit auf – in der Art, wie die stark getuschten Wimpern aufgeschlagen, die Nebenbuhler gleichzeitig aufmerksam beobachtet werden.

Dann gibt es die Gurus, die Egolosigkeit predigen und sich selbst wie ein Gott verehren lassen. Das ist meist nicht so simpel, wie es die Massenmedien erscheinen lassen. Doch es gibt sie natürlich, die „falschen Gurus". Dass allerdings ausgerechnet jene Magazine, die Schauspieler, Schlagersängerinnen, Adlige, Fußballer und Modedesigner zu anbetungswürdigen Idolen hochstilisieren, sich anmaßen, spirituelle Lehrer als gefährliche Sektenführer zu brandmarken, ist schon eine Ironie der besonderen Art.

Eckhart Tolle schreibt:

„Avatare, göttliche Mütter, erleuchtete Meister, die wenigen, die echt sind, sind als Personen nichts Besonderes. Ohne ein falsches Selbst, das aufrechterhalten und verteidigt und gefüttert werden muss, sind sie einfacher, normaler als der normale Mann, die normale Frau. Jeder mit einem starken Ego würde sie als unbedeutend ansehen oder nicht einmal bemerken." [1]

---

1 Eckhart Tolle: Jetzt – die Kraft der Gegenwart, J. Kamphausen, Sonderausgabe, Bielefeld 2010, S. 128

Eckhart Tolle hat mit seinen frei aus dem Moment heraus gesprochenen Vorträgen in Deutschland zunehmend mehr Menschen angezogen. Bei seinen letzten beiden Besuchen, in den Jahren 2010 und 2015, waren die großen Hallen in Karlsruhe, Hannover und Hamburg mit 3000 Zuhörern voll besetzt. Auf der Leinwand ist sein Gesicht auch in den hintersten Reihen deutlich zu sehen. Es wirkt so jungenhaft, fast kindlich! Die achtundsechzig Lebensjahre haben keine Furchen und Falten hineingezeichnet. Ist dieser Mensch womöglich ein sichtbares Beispiel dafür, dass wir nicht im üblichen Sinne altern, wenn wir ganz im „Jetzt“ leben?

Zur Gegenwärtigkeit gehört, im Körper voll präsent zu sein, den inneren Körper zu fühlen. Das hat weitreichende Auswirkungen, auch was die äußere Erscheinung betrifft. Eckhart meint dazu: „Wenn du deinen inneren Körper bewohnst, wird der äußere Körper viel langsamer altern, und selbst wenn er es tut, wird deine zeitlose Essenz durch die äußere Form hindurch scheinen und du wirst nicht wie ein alter Mensch wirken.“ (Jetzt, S. 148)

Eckharts Botschaft reicht allerdings viel weiter und tiefer. Wenn wir realisieren, was wir wirklich sind – und dieser Moment ist der einzige Schlüssel dazu – brechen wir aus dem Gefängnis der Zeit und der Persönlichkeit aus und sind tatsächlich unbeschreiblich, undefinierbar. Durch die äußere Erscheinung, die menschliche Form, scheint das Unbegreifliche, Göttliche, das Leben selbst.

Bei Eckhart zeigt sich das in seiner gleichbleibend freundlichen Gelassenheit, Heiterkeit, Bescheidenheit, Klarheit und Gegenwärtigkeit. Das bestätigt sogar „Die Zeit“: „Er wirkt in sich ruhend, unaufgeregt, von einer fast verstörenden Gelassenheit.“

Selbst die großen Zeitungen und Medien kommen nicht vorbei an diesem schmächtigen „Antiguru“ („Die Zeit“). In den USA wurde sein erstes Buch *The Power of Now* vor allem durch die TV-Moderatorin Oprah Winfrey bekannt, und bald schon bestätigten Hollywoodstars wie Cher: „Es hat mein Leben wirklich verändert.“ Auch in Deutschland ist *Jetzt. Die Kraft der Gegen-*

wart bis heute ein Bestseller. „Wir begreifen auf jeder Seite, dass hier einer jener wahren Meister zu uns spricht, dass er uns meint, unser Leben, unser Sein“, lobte die bekannte Managertrainerin Vera F. Birkenbihl in ihrem Vorwort zum Bestseller „Jetzt – die Kraft der Gegenwart“.

Was ist ein Guru?

Eckhart Tolle wird einerseits als „wahrer spiritueller Meister“, andererseits als „Anti-Guru“ beschrieben. Dieser scheinbare Widerspruch lässt sich leicht auflösen. Der Begriff „Guru“ ist hierzulande eher negativ gefärbt und wird in Mainstream-Medien assoziiert mit Sektenführer, Menschenfänger und dubiosen Machenschaften. So einer ist Tolle also nicht, will der Begriff „Anti-Guru“ sagen.

Im indischen Kulturraum bedeutet der Sanskritbegriff Guru einen verehrungswürdigen weisen Lehrer, der – zumindest im spirituellen Kontext – seine Jünger zur höchstmöglichen Erkenntnis führen kann. Seit den Upanishaden gilt der Guru als Verkörperung der göttlichen Wahrheit. Ihm werden oft besondere Fähigkeiten zugeschrieben, etwa die, seine Schüler und Schülerinnen durch Energieübertragung (Shaktipat) zur Befreiung (Moksha) zu verhelfen. Vonseiten des Schülers werden starkes Vertrauen und Hingabe vorausgesetzt. Das veranschaulichen etliche Geschichten von berühmten Gurus und ihren Schülern, so die von Krishna und Arjuna in der Bhagavadgita oder im 20. Jahrhundert die von Ramana Maharshi und H. W. Poonja oder von Ramesh Balsekar und seinem amerikanischen Schüler Wayne Liquorman.

Die von Hindus, Sikhs und tibetischen Buddhisten praktizierte Guru-Verehrung kam ab den 60er Jahren auch im Westen auf. Maharishi Mahesh Yogi, Bhagwan/Osho, Muktananda aus Indien, Adi Da und Ram Das aus den USA – es war klar unter den Anhängern: Ohne Guru keine Erleuchtung. Die Massenmedien berichteten immer wieder, wie die macht- und geldgierigen Gurus ihre Anhänger ausbeuteten. Manchmal war etwas dran an den Geschichten. Heute hat sich die Situation verändert. Die meisten spirituellen Sucher – im Vergleich zur Gesamtgesellschaft nach wie vor eine Randgruppe – orientieren sich nicht mehr an einem idealisierten Menschen, der als Führer und Erlöser angebetet wird. Sie suchen die Freiheit in sich selbst.

Eckhart Tolle spielt bei diesem „Richtungswechsel" als „Anti-Guru" eine Schlüsselrolle. Gerade weil er so viele Menschen erreicht. Er streitet nicht ab, ein spiritueller Lehrer zu sein, doch als Guru sieht er sich nicht. Seine Lehre steht nicht in einer bestimmten Linie, wo die Botschaft über eine Meister-Schüler-Beziehung weitergegeben wird. Er hat keine Gemeinschaft (Sangha) um sich; und wenn er öffentlich spricht, finden sich keine Zeichen und Symbole für eine herausgehobene Guru-Position.

Von daher ist die Einschätzung der Evangelischen Zentrale für Weltanschauungsfragen, Eckhart Tolle gehöre zur sogenannten „Satsang-Bewegung", falsch. Ganz abgesehen von der Unverfrorenheit, dass sich ein religiöser Verein, der Guru Jesus zum ausschließlichen Heilsbringer erklärt, anmaßt, andere Gruppierungen und Lehrer derart zu be- und zu verurteilen.

Es gibt unter den Millionen Menschen, die Eckhart Tolles Botschaft vernommen haben und schätzen, sicher etliche, die in ihm ihren Guru sehen. Die ihr Leben so gut und effektiv wie möglich nach den Vorschlägen von Eckhart ausrichten – Gebote gibt es bei ihm nicht. Auf die Frage seiner Frau, Kim Eng, wie er seine Rolle als spiritueller Lehrer sehe, antwortete er:

„Alle Formen lösen sich auf, verändern sich, sterben, verlassen dich. Viele Menschen fühlen sich von mir, der „Form" Eckhart, angezogen, aber sie täuschen sich. Sie verwechseln die Form mit der Essenz. Wenn die Menschen zu einem Vortrag, einem Intensivkurs oder einem Retreat kommen, kommen sie nicht, um mit mir zu sein, obwohl es an der Oberfläche so aussehen mag. Sie kommen, um mit sich selbst zu sein. Da leuchtet etwas durch die Form von Eckhart hindurch, das eins mit der Essenz dessen ist, was du bist. Der Frieden, die Stille, die Freude oder die intensive Lebendigkeit, die du in der Gegenwart des spirituellen Lehrers spürst, entspringt aus der einen Quelle in dir selbst und kann nicht von dem, der du auf der tiefsten Ebene bist, getrennt werden. Der Lehrer kann es dir nicht geben. Er oder sie enthüllt einfach nur, was schon in dir ist.

Die Lehre steht dir in Form von Büchern, Kassetten und Videos jederzeit zur Verfügung. Für diejenigen, die bereit sind zu erwachen, sind diese genauso kraftvoll wie die physische Präsenz des Lehrers. Sei dir der starken Anhaftung an diese Dinge und des ständigen Bedürfnisses nach mehr gewahr – das ist kein wahres Bedürfnis, sondern wird vom Verstand erschaffen. Man muss erkennen, wann der Punkt erreicht ist, wo das, was hilfreich ist und dich mit der Wahrheit dessen, was du bist, in Kontakt gebracht hat, seinen Zweck erfüllt hat.“ [2]

„Persönlich“

Ich habe mich mit Eckhart Tolle 2004 und 2007 beim gemeinsamen Essen unterhalten, jedoch kein offizielles Interview geführt. Wenn er beim Vortrag die Hände über den Kopf zusammenschlägt und „Oh, oh!“ ruft, so als müsste der Notdienst kommen, und dabei eben von unserer zeitbeherrschten Welt spricht – wie wir die Zukunft planen und zugleich fürchten, und was das alles auslöst – das hat schon etwas von einem Komödianten. Eckhart sieht die aktuelle Situation, informiert sich auch über die Nachrichten. Doch er kann einfach nichts wirklich ernst nehmen und lächelt immer freundlich und zuvorkommend.

2 Quelle: http://www.eckharttolle.de/media/interviews/die-sprituelle-lehre-und-der-lehrer-16

Wir sprachen beim Essen auch über Krimis – er hatte mein Advaita-Buch gelobt, und ich erzählte ihm von meinem ersten Krimi. Er fand die Idee toll, auch in der Esoterischen Szene einmal Leichen zu präsentieren, und meinte: „Ich hab auch eine Krimi-Idee: Da sind Millionen von Leichen. Und wer ist schließlich der Täter: Die Zeit!" Er schmunzelte still in sich hinein und prostete mir mit seinem Glas zu.

Eckhart Tolle wurde 1948 in Lünen/Westfalen geboren. Die ersten dreizehn Jahre seines Lebens verbrachte er in Deutschland. Er wurde auf den Namen Ulrich Leonhard getauft, den er viel später in Eckhart umänderte – und zwar nach dem großen Mystiker Meister Eckhart.

Er selbst beschreibt seine Kindheit und die Zeit bis zu seinem Erwachen mit neunundzwanzig Jahren als nicht sehr glücklich. Positiv sieht er rückblickend seine Beziehung zur Natur. Nach der Schule fuhr er mit dem Fahrrad durch nahe der Stadt gelegene Wälder und Felder. „Ich wusste, die Natur würde immer da sein, das gab mir schon damals eine stille Freude."[3]

Schule war für ihn ein einziges Grauen. Erstaunlicherweise konnte er schon mit dreizehn Jahren seinen Willen durchsetzen, nicht mehr zur Schule gehen zu müssen. „Das ganze Umfeld erschien mir so feindlich. Ich war eigentlich kein rebellisches Kind, aber die Schule verweigerte ich so vehement, dass mein Vater nachgab."

Vom 13. bis zum 19. Lebensjahr lebte er mit seinem Vater in Südspanien, besuchte dort nach eigener Wahl verschiedene Sprachschulen, lernte schnell Spanisch und Englisch, arbeitete mit siebzehn Jahren sogar einige Monate als Touristenführer. Er interessierte sich für Astronomie, las viel schöngeistige Literatur und Philosophie, darunter fünf Werke des relativ unbekannten deutschen Mystikers Bo Yin Ra (Anfang 20. Jahr-

3 Quelle: Interview John W. Parker http://www.inner-growth.info/power_of_now_tolle/eckhart_tolle_interview_parker.htm, Übersetzung Christian Salvesen

hundert), die eine Verwandte aus Deutschland anscheinend im Hause des Vaters vergessen hatte und die er bis heute besonders wertschätzt.

Das Erwachen

Nach einigen Jahren der Fortbildung an Abendschulen konnte er an der Universität von London Literatur studieren, machte erfolgreich sein Examen und erhielt ein Forschungsstipendium von der Universität Cambridge. Er fragte in all den Jahren verzweifelt nach dem Sinn des Lebens und suchte die Antwort in der Philosophie – doch vergebens. Eine tiefe Depression zeichnete sich ab. Eines Abends, er war neunundzwanzig Jahre alt, erschien ihm alles besonders sinnlos – und da geschah die Transformation. Tolle hat sie in seinem ersten, nach wie vor erfolgreichsten Buch „Jetzt" und in etlichen Interviews beschrieben. In seinem Interview mit John W. Parker sagt er:

„Ich fühlte mich so, wie Jean Paul Sartre es in seinem Roman „Der Ekel" beschreibt. Die ganze Welt erschien mir so sinnlos und leer – wie eine tote Hülle. ‚Ich kann mit mir selbst nicht mehr leben!' Dieser Gedanke kreiste ständig in meinem Kopf. Dann geschah plötzlich ein Abrücken. Der Gedanke wurde in seiner Struktur distanziert gesehen. Da ist diese unglückliche Person und zugleich etwas, das diese Person sieht. Mit dieser unglücklichen Person konnte und wollte „ich" nicht mehr leben. Das „Ich"-Bewusstsein zog sich zurück aus der Identifikation mit dieser fiktiven, vom Verstand erschaffenen Entität, dem unglücklichen kleinen Ich und seiner Geschichte. In diesem Moment fiel die fiktive Entität in sich zusammen, so als wäre der Schlauch aus einem aufblasbaren Spielzeug herausgezogen worden. Es blieb eine unpersönliche Präsenz, ein Empfinden von Sein, das reines Bewusstsein ist, noch vor jeglicher Identifikation mit einer Form:

Das ewige Ich Bin. Damals wusste ich nicht, was passierte, es geschah einfach.“[4]

Als das Ich verschwand, fühlte Eckhart zunächst eine starke Angst, so als müsste er sterben. Er fühlte sich in eine grenzenlose Leere hineingesogen. Doch eine innere Stimme sagte: Leiste keinen Widerstand. Lass los! Das Nächste, woran er sich erinnern konnte, war, wie er mit geschlossenen Augen im Bett lag und die Stimme eines Vogels hörte, so wunderbar lebendig wie nie zuvor. Das Sonnenlicht kam durch die Vorhänge hinein „wie Liebe“. Im „Jetzt“ schildert Eckhart die veränderte Wahrnehmung so:

„Ich erkannte das Zimmer, und doch wusste ich, dass ich es nie zuvor wirklich gesehen hatte. Alles war frisch und unberührt, als ob es gerade erst entstanden wäre. Ich nahm einige Dinge in die Hand, einen Bleistift, eine leere Flasche, voll Wunder über die Schönheit und Lebendigkeit von allem. An diesem Tag ging ich in der Stadt umher, voller Staunen über das Wunder des Lebens auf der Erde, so als wäre ich gerade erst in diese Welt hineingeboren worden.“ (Jetzt, S. 16f.)

Im Interview mit Parker berichtet Eckhart, dass er auch schon bald durch die Straßen von London wanderte, ohne ein besonderes Ziel, und dass ihm selbst der Lärm des Straßenverkehrs wie in einer tiefen Stille eingebettet schien. Diese Transformation, dieser radikale Wechsel der Weltsicht und des Selbstverständnisses, blieb – was Eckhart Tolle bis heute erstaunt. Zunächst konnte er überhaupt nicht begreifen, was geschehen war. Zwei Jahre saß er auf Parkbänken und starrte glücklich ins Leere. Er schreibt:

„Aber sogar die allerschönsten Erfahrungen kommen und gehen. Vielleicht grundlegender als jede Erfahrung ist der tiefe Unterton von Frieden, der mich seitdem nicht mehr verlassen hat. Manchmal ist er sehr stark, fast greifbar, so dass andere ihn auch

---

4 Quelle: www.inner-growth.info/power_of_now_tolle/eckhart_tolle_interview_parker.htm

fühlen können. Zu anderen Zeiten ist er mehr im Hintergrund, wie eine entfernte Melodie." (Jetzt, S. 18)

Es brauchte einige Jahre, bis Eckhart das Geschehnis als ein Erwachen im Sinne spiritueller Traditionen deuten konnte. Was ihm deutlich auffiel, war, dass die normalerweise ständig nervenden Gedanken um 80-90% zurückgegangen waren. „Das ist der tiefe innere Friede, der sich einstellt, wenn es da niemanden mehr gibt, der die Sinneswahrnehmungen kommentiert. Keine Benennungen, Vergleiche, Interpretationen dessen, was geschieht. Es ist einfach, wie es ist, und es ist gut." (Interview Parker)

In jener Zeit versteht Eckhart zum ersten Mal intuitiv und ohne Zweifel die traditionellen spirituellen Schriften. Ein halbes Jahr nach dem Erwachen stößt er auf das Neue Testament und liest die – wie er findet – kraftvollen Worte von Jesus, stellt aber auch fest, dass nicht alle der ihm zugeschriebenen Sätze wirklich aus der einen, wahren Quelle der Stille kommen, sondern von nichterwachten Menschen hinzugefügt worden sein müssen. Auch bei der berühmten Bhagavadgita und dem I Ging geschieht ein unmittelbares Verstehen, eine innere Resonanz, eine „unglaubliche Liebe für solch ein göttliches Werk". Er bemerkt zugleich, wo Übersetzer Fehler machten, ganz einfach aus dem unmittelbaren Erkennen der Wahrheit, die zeitlos und zugleich immer *jetzt* ist.

Integration hin zum Lehrer

Bis Eckhart Tolle selbst eine spirituelle Lehre zu vermitteln beginnt, vergehen noch viele Jahre der Integration und der Orientierung – auch des Lernens bei anderen Lehrern. Nicht was die innere Dimension betrifft. Die Gewissheit ist vollständig, da kommen keine Zweifel auf. In unzähligen Situationen, die ihn früher, im „normalen Alltagsbewusstsein", aus der Fassung gebracht, wütend, verzweifelt, ängstlich gemacht hätten, bleibt der tiefe innere Friede unerschütterlich. Auch wenn die Intensität der Stille gelegentlich schwankt, der Grundzustand ist stets gleich. Er sagt: „Selbst wenn Buddha bezweifeln würde, was ich erfahren habe, könnte ich nur sagen: ‚Erstaunlich! Selbst der kann sich irren!'" (Interview Parker)

Der Erleuchtung kann von außen nichts hinzugefügt werden. Doch einige Lehrer wie Achan Sumedo, ein im Westen geborener Abt mehrerer buddhistischer Klöster in England, helfen Eckhart, das Erwachen selbst besser zu verstehen und anderen zu beschreiben. Er sucht zweimal ein buddhistisches Kloster auf, um dort einige Zeit in Stille zu sein.

Auch der aus Australien stammende spirituelle Lehrer Barry Long half ihm in London, die Transformation zu verstehen; und einige Aspekte in Tolles Buch „Jetzt", etwa der Begriff des „Schmerzkörpers", sind auf die Lehren von Barry Long zurückzuführen.

Zwei bedeutende Meister des 20. Jahrhunderts haben Eckhart Tolle nach eigener Aussage ganz besonders inspiriert: Der in Indien und im Westen als Guru verehrte Ramana Maharshi (1879-1950) und der Weisheitslehrer Jiddu Krishnamurti (1895-1986). Obwohl sie so ganz unterschiedlich scheinen, fließe der „Strom ihrer Lehren" zusammen in dem, was Eckhart vermittele. Bei Ramana sei es „das Herz", bei Krishnamurti die Genauigkeit und Klarheit im Aufzeigen dessen, was wahr und was falsch sei. „Ich habe das Gefühl, dass die beiden in meiner Lehre zu Einem werden, fühle mich vollständig eins mit ihnen." (Interview Parker)

Der Reifungsprozess hin zum spirituellen Lehrer vollzieht sich allmählich in den Achtzigerjahren. In einer Phase glaubt Eckhart, er sei wohl eine Art Heiler, weil sich einige Menschen, denen er sehr wach und präsent zuhörte, anschließend bei ihm überschwänglich bedankten, dass er sie von einer schweren Last befreit habe und ein Heiler sei. Er weist diese Bezeichnung aber schon bald wieder von sich, weil sie ihn einenge und sein wahres Anliegen nicht treffe.

In den Neunzigerjahren bilden sich kleine Gruppen um Eckhart, in denen er seine Einsichten mitteilt, Fragen beantwortet und mit den anderen in der Stille verweilt. „Spiritueller Lehrer ist eine Funktion, mehr nicht. Jemand kommt zu dir, stellt eine Frage, eine Antwort wird gegeben, die Lehre geschieht. Ich bin nicht damit identifiziert.“ (Interview Parker)

Als 1997 das Buch „The Power of Now“ in Vancouver erscheint, wird Eckhart rasch bekannter; und immer mehr Menschen kommen zu seinen Meetings. Er wohnt seit 1996 in Vancouver an der Westküste Kanadas. Der Durchbruch als Star unter den spirituellen Lehrern kommt mit seinem Auftritt in der Radio/TV-Show von Oprah Winfrey Ende der Neunzigerjahre. Deren Freundin, die Schauspielerin Meg Ryan, hatte ihr Eckharts Buch empfohlen. Oprah, die bereits jahrelang das Thema Spiritualität für sich zum wichtigsten Anliegen gemacht hatte und das auch in ihrer in ganz Nordamerika beliebten „Soul Series“-Show bekanntgab, war begeistert.

„Es ist eines der am stärksten transformierenden Bücher, die ich je gelesen habe; ich habe stets ein Exemplar bei mir und lese die von mir angestrichenen Passagen immer wieder. Wer erfüllter und lebendiger sein möchte, der muss dieses Buch lesen. (…). Es war einer der erfreulichsten Momente in meiner Karriere, mit Eckhart im Rahmen von *Oprah & Friends* auf XM Radio in der *Soul Series* zu sprechen. Er gab eine Art Unterweisung in bewusstem Leben: Wie man statt automatisch und unbewusst zu existieren mit Achtsamkeit lebt. Wie wir erkennen können, dass wir unser Leid selbst erzeugen, indem wir uns von unserer eigenen Vergangenheit beherrschen lassen. Wie wir lernen können, präsent zu sein, für uns selbst und für die Menschen um uns herum, und zwar auf eine mitfühlende, nicht urteilende Art und Weise. Seine ermutigenden Anleitungen haben mich und viele andere sehen lassen, dass und wie ein erwachtes Bewusstsein möglich ist. Ich bin überzeugt, dass er der Prophet unserer Zeit ist.“[5]

---

5 Quelle: https://www.eckharttolle.com/article/Eckhart-Tolle-Oprah-Winfrey-O-Magazine-Interview, Übersetzung C.S.

Oprah Winfrey ist mit ihrer Medienwirksamkeit bis heute eine der wichtigsten Unterstützerinnen von Eckharts Lehre. Es wurden immer wieder Gespräche mit und Vorträge von ihm auf Oprahs eigenem TV-Sender www.supersoul.tv ausgestrahlt. Das Medium Internet hat sich – was Eckhart Tolle betrifft – als wirklich besonders fruchtbar und segensreich erwiesen. In den vergangenen Jahren erreicht Eckhart über seinen eigenen Sender www.EckhartTolletv.com und über Webinare weltweit Millionen von Menschen ganz direkt. Entsprechend finden sich auf *YouTube* unzählige Videos, wo er über alle Themen des Lebens spricht. Weiterhin reist er zusammen mit seiner Partnerin Kim Eng in viele Länder der Erde, um den Menschen live zu begegnen.

KAPITEL 2

Mit der inneren Tiefe verbunden sein

Zwei Stunden vor dem Einlass haben sich vor der Schwarzwald-Halle in Karlsruhe schon einige hundert Menschen versammelt, und es sollen diesmal (2015) noch mehr kommen als vor vier Jahren, als Eckhart Tolle hier seinen zweistündigen Vortrag hielt. Nach einer musikalisch meditativen Einstimmung mit Markus Stockhausen und seiner Partnerin ist der große Saal mit 3000 Leuten voll besetzt. Die Spannung steigt. Die bekannte Fernsehmoderatorin Nina Ruge sagt einige treffende Sätze über Eckhart, der ihr auch persönlich mit seiner spirituellen Lehre geholfen habe. Dann kommt der von so vielen sehnsüchtig erwartete Redner auf die Bühne, unscheinbar und still, wie es seine Art ist, macht den ehrerbietigen indischen Gruß des Namaste („Ich grüße das Göttliche in dir") vor dem Publikum und beginnt, wie auch beim letzten Mal hier in Karlsruhe, mit einer Art Entschuldigung, dass sein Deutsch vielleicht etwas steif und fehlerhaft sei, weil er ja seit fünfzig Jahren kaum noch Deutsch spreche, sondern vor allem lese.

„Es kann auch sein, dass wir den größten Teil unseres Zusammenseins in Stille verbringen", sagt er verschmitzt, und das Publikum lacht und klatscht. Dann ergänzt er: „Das wäre wahrscheinlich das Beste." Noch mehr Lachen. Es hätten Leute zu ihm nach einem Talk gesagt, es sei der beste Vortrag gewesen, obwohl oder gerade weil sie kein Wort Deutsch verstünden. Es kommt also nicht darauf an, die Worte zu verstehen. Es geht um etwas Tieferes, was zwischen und hinter den Worten ist. „Auf der einen

Ebene sind die Worte, Konzepte und Gedanken, auf der anderen, tieferen Ebene, auf welche die Worte hinweisen, ist das nichtkonditionierte Bewusstsein.“ Die deutsche Sprache sei für ihn wie ein alter, selten benutzter Motor, in den hochwertiger Treibstoff gegeben wird, nämlich das Bewusstsein.

„Normalerweise identifizieren wir uns mit dem Strom der Gedanken und sind uns der tieferen Dimension der Stille in uns selbst nicht bewusst. Wer aber nur am Äußeren hängt, etwa am Erfolg, verpasst das Wesentliche. Leider ist unsere Kultur so ausgerichtet. Wir werden an diesem Nachmittag die tiefe Dimension gemeinsam erforschen und erfahren. Bei den meisten von euch ist diese Dimension bereits zum Leben erwacht, es hat ein Geistiges Erwachen stattgefunden. Es kann sehr leise und schrittweise geschehen, etwas, das über das hinausgeht, was ich als Person bin. Die erste Frage heute lautet: Woher beziehe ich mein Selbstgefühl?

Für die meisten ist das der Körper. Ich bin dieser Körper und beurteile auch andere vor allem in ihrer körperlichen Erscheinung. Dabei spielen meist die Gedanken über den Körper die Hauptrolle, nicht so sehr das unmittelbare Empfinden. „Ich sehe besser oder schlechter aus als der oder die!“ Und wenn ich älter werde und in den Spiegel schaue, nanu, der Spiegel ist auch nicht mehr das, was er mal war! Wenn ich mit meinem Körper unzufrieden bin, entsteht daraus ein negatives Selbstwertgefühl. Der Verstand kreiert eine Leidensgeschichte. Das Ich ist im Grunde eine Reihe von Geschichten, die sich der Geist erzählt, eine Mischung aus historischen Fakten und eigenen Erfindungen. Woraus ich sonst noch mein Selbstgefühl beziehe – mein Auto, mein Haus, meine Familie – es ist nicht die Sache selbst, sondern der Gedanke darüber. Ich bin die Gedanken. Ich erzähle mir selbst mein Leben, die Probleme, die ich habe, keine Lösung in Sicht, ich liege schlaflos im Bett. Ich muss das lösen, am besten 3 Uhr nachts, das ist alles so schwer, ich hatte mir mein Leben eigentlich ganz anders vorgestellt…“

Eckart steigert sich demonstrativ in die Rolle des an und unter sich selbst leidenden Egos, was allgemeine Heiterkeit auslöst. „Auch wenn mal etwas Schönes geschieht, wenn ich verliebt bin: Das Gefühl, angekommen und erfüllt zu sein, ist immer nur kurz und vorübergehend."

Um wirklich ein ganzer und erfüllter Mensch zu sein, muss man die Tiefendimension in sich erkannt haben. Nicht nur einmal, um dann etwa sagen zu können, an dem bestimmten Datum ist das Erwachen geschehen, sondern es geht um eine ständige innere Verbundenheit mit dieser Tiefe. Dadurch ist man befreit von der historischen Person, mit der man sich bisher identifizierte und die alles wahrnimmt durch den Filter ihrer Unzufriedenheit.

Oberhalb der Gedanken sein

Um die innere Tiefe wahrnehmen zu können, muss der Strom der Gedanken für einen Moment zur Ruhe kommen. Dabei bin ich nicht im Halbschlaf oder auf Drogen, sondern ganz wach. Ich befinde mich gleichsam oberhalb der Gedanken, nicht unterhalb, wie die Tiere und Pflanzen. Die haben keine Probleme, sind glücklich in Verbindung mit dem Sein. Deshalb ist es für uns auch so schön, einen Hund zu streicheln oder ihn anzusehen. In der Natur fühlen wir uns für einen Moment befreit von uns selbst. Oder wenn wir ein Baby anschauen, vor allem wenn es nicht schreit – (im Saal ist schon länger ein Babygeschrei zu hören, weshalb Eckarts Bemerkung Lachen auslöst) – sondern wenn es lächelt. Es ist noch nicht im Strom der Gedanken gefangen, da fühlen wir uns selbst irgendwie befreit. Denn in den Augen des Babies sehen wir die Reflextion des reinen Bewusstseins.

Allerdings ist es nicht unser Ziel, zurückzufallen unterhalb der Gedanken. Sondern die Evolution geht in die Richtung, oberhalb des Gedankenstroms bewusst zu sein. Wir öffnen uns für einen Moment, vielleicht nur für fünf Sekunden, für die innere Stille.

Es öffnet sich der Raum des Bewusstseins, und das ist die Essenz der Spiritualität.

Eckhart Tolle veranschaulicht den Unterschied auf seine unnachahmliche humorvolle Art. „Hier sind die Gedanken“ – seine Hände vollführen einen wilden Schütteltanz – „bezogen auf gestern und morgen… Und plötzlich“ – seine blauen Lausbubenaugen wandern erstaunt umher, die Hände hängen in der Luft – „ist da eine Wachsamkeit. Ohne Wachsamkeit ist es nicht möglich, sich zu erheben über den Fluss der Gedanken.“

Eine fundamentale Übung ist, sich der augenblicklichen Wahrnehmung bewusst zu werden, ohne das Objekt automatisch zu benennen – sei es laut oder im Kopf. Je öfter man übt, die übliche Interpretation etwas hinauszuzögern, desto leichter wird es. Jeder kann das sofort, hier und jetzt, praktizieren. Das Ego versucht, durch das ständige Einordnen und Beurteilen die Kontrolle zu behalten. Aber die ist gar nicht nötig. Wenn wir nun wahrnehmen, ohne gedanklich etwas hinzuzufügen, jetzt, dann bemerken wir im Hintergrund die Stille, einen Raum der Stille. Was liegt hinter der Wahrnehmung? Man kann es nicht beschreiben, es hat keine Form. Es ist eine Präsenz. Wir können es „Bewusstsein“ nennen.

Die innere Tiefe wahrnehmen

Das formlose Bewusstsein war schon immer da im Menschen, wurde aber nicht erkannt, weil so viel andere Dinge so viel Lärm machten. Die Gedanken verhindern, dass man diese tiefere Ebene in sich selbst bewusst wahrnimmt. Man kann aber in ständiger Verbundenheit mit dieser Tiefe in sich leben. Das ist die Befreiung von der Person mit ihren Problemen und ihrer ständigen Unzufriedenheit. Das ist die Öffnung für diesen Moment, für das Einzige, was wirklich ist. Die Menschen glauben, das Jetzt sei das, was gerade geschieht, und das ändert sich natürlich ständig. Sie glauben, dass es viele Momente im Leben gibt, jeder mit einem anderen Inhalt. Doch wenn du von deiner unmittelbaren Erfahrung hier und jetzt ausgehst, gibt es nicht viele Momente, sondern immer nur diesen einen Moment. Dein ganzes Leben besteht aus dem Jetzt. Nichts kann außerhalb vom Jetzt existieren.

Die eigentliche Bedeutung des Jetzt liegt nicht in dem, was jetzt geschieht, sondern in seiner Form. Diese Form verändert sich nicht. Ich kann mir dessen bewusst sein, was gerade geschieht – das ist die Oberfläche des Jetzt – und ich kann mir gleichzeitig der Tiefe bewusst sein, des Raumes, in dem sich alles entfaltet. Das ist das Bewusstsein selbst. Ohne das Bewusstsein wäre nichts. Es gibt nur eine Tatsache, die unbezweifelbar ist, nämlich dass du in diesem Moment bewusst bist. Alles andere lässt sich bezweifeln. Was du gerade wahrnimmst, könnte ein Traum sein. Doch auch ein Traum braucht das Bewusstsein, um erlebt werden zu können. Dein wirkliches Sein ist das Bewusstsein. Sich des eigenen Bewusstseins, der stillen Präsenz und Gegenwärtigkeit bewusst zu werden, ist eine ungeheure Befreiung.

Man kann das Bewusstsein mit einer Leinwand vergleichen, auf die ein Film projiziert wird, mit stets wechselnden Farben und Formen. Die Leinwand, ohne die der Film nicht erscheinen könnte, bleibt stets gleich, ohne selbst beachtet zu werden. Im Vergleich zu der ungeheuren Erkenntnis, dass ich in Wahrheit wie die Leinwand das unveränderliche reine Bewusstsein bin, ist aller äußerlicher Erfolg oder Misserfolg unbedeutend.

Alle großen geistigen Lehrer, wie Buddha oder Jesus, haben versucht, diese Erkenntnis, dieses innere Erwachen zu vermitteln. Nur einige wenige konnten das bisher nachvollziehen. Doch diese Erkenntnis ist der nächste und entscheidende Schritt in der Entwicklung der Menschheit.

Buddha sprach von der Leere und von Nirvana, eine Verneinung aller Formen. Auf die Frage nach Gott gab er bewusst keine Antwort. Jesus sprach immer wieder vom Himmelreich. Ein eigenartiger Begriff. Was bedeutet Himmel? Wo genau ist der Himmel? Wenn man immer höher fliegt, ist er gar nicht da. Nur Leere.

Der Himmel ist kein Objekt. Er dient hier als Analogie für eine formlose Weite. Das Reich des Himmels ist die Dimension des Formlosen in dir. Du bist gleichsam zweimal da: Als Form und als formloses Bewusstsein. Alles, was ich als Person bin, was ich erlebt habe, ist das zeitlich beschränkte Sein. Als reines Bewusstsein bin ich zeitlos. Es geht nicht darum, die Ebene der Form zu verneinen, sondern zu erkennen, dass ich nicht nur die Person, sondern in der Tiefe meines Seins zeitloses reines Bewusstsein bin. Auf dieser tiefen Ebene bin ich verbunden mit der Quelle, aus der alles Sein entspringt.

Das bewusste Universum

Wenn die kleine Welle auf dem Ozean nicht weiß, dass sie mit dem Ganzen verbunden ist, dann hat sie natürlich Angst, fühlt sich von den anderen kleinen Wellen bedroht und möchte eine möglichst große Welle werden. Aber selbst dann ist die Welle schon bald wieder verschwunden. Der Ozean will sich seiner selbst bewusst werden durch die Welle. Das Universum ist im Begriff, sich seiner selbst bewusst zu werden – durch mich, durch dich. Du bist etwas, was das Universum tut, so wie die Welle etwas ist, was der Ozean tut. Der Sinn des Lebens ist das Erwachen, der Prozess der Bewusstwerdung.

Die Physiker befassen sich mit dem Mysterium des Makrokosmos und des Mikrokosmos, doch mit keinem Wort wird das größte Mysterium erwähnt, nämlich das Bewusstsein, ohne das überhaupt nichts existieren könnte. Man kann nicht durch Konzepte verstehen, was das Bewusstsein ist. Die Wissenschaft glaubt, das Bewusstsein entstehe aus elektrochemischen Prozessen im Gehirn, sei also ein Nebenprodukt des Materiellen. Dass es eine Verbindung zwischen Gehirn und Bewusstsein gibt, ist offensichtlich. Denn wenn jetzt etwas von der Decke auf meinen Kopf fällt, werde ich wohl aufhören zu sprechen. Man sagt dann:

„Er hat sein Bewusstsein verloren." Und die Wissenschaftler sehen das als Beweis, dass das Bewusstsein ein Produkt des materiellen Gehirns ist. Es könnte aber auch sein, dass das Gehirn eher wie ein Radiogerät ist. Wenn es kaputtgeht, bedeutet das nicht, dass das, was es übertragen hat, das Musikprogramm etwa, nicht mehr existiert. Ich bin allerdings überzeugt, dass die Wissenschaft bald anerkennen wird, dass das Bewusstsein transzendent ist und das Gehirn nicht sein Erzeuger, sondern nur sein Vermittler oder Überträger, der ihm eine Form gibt.

Ich würde nicht sagen, Bewusstsein ist Gott. Eher ist es eine Ausstrahlung aus der Quelle allen Seins, die wir nie erkennen können. So wie die Sonnenstrahlen aus der Sonne kommen und nicht von ihr getrennt sind. Sich selbst zu erkennen als eine Ausstrahlung der Quelle des einen Seins, ist zugleich die Realisation der Einheit. Das eine Sein erfährt sich in unzähligen Formen, Trilliarden von Lebewesen. Doch auch hier entzieht sich das Mysterium des Seins allen Erklärungsversuchen.

Die Präsenz

Man kann aber die Dimension des formlosen Bewusstseins in sich zulassen und sich dafür öffnen, so dass man immer Zugang hat zur Stille. Der Ausdruck „Zugang" ist nicht ganz passend, weil es Dualität suggeriert. Ich bin im tiefsten Wesen Stille; und dann ist die „historische" Person nicht mehr so problematisch. „Was bleibt übrig von mir, wenn ich keine Gedanken mehr habe?", ruft das Ego entsetzt. „Dann bin ich doch verschwunden, tot, weiß nichts mehr!" Nein, da ist immer noch etwas, das sehr klar ist, was man aber nicht dirigieren kann. Da ist reine Gegenwärtigkeit. Jetzt, in diesem Moment, kann ich sie spüren. Da beginnt die innere Tiefe. Wenn man dieses Geschehen immer mehr zulässt in sich, dann spürt man auch eine Verbindung zu einer tieferen oder höheren Intelligenz. Sie geht über das hinaus, was der menschliche Verstand als Intelligenz bezeichnet. Man kann sagen, dass diese Intelligenz den Verstand benutzt. Wenn du mit dieser kosmischen Intelligenz verbunden bist, verändert sich dein Leben. Sie beginnt zunehmend die Art und Weise zu beeinflussen, wie du lebst. Du wirst ein friedlicher Mensch. Das Ego selbst kann nicht lange friedlich leben. Es existiert nur durch Ablehnung, durch den Kampf gegen etwas. Es definiert sich über seine Gegner.

Die Welt, in der wir leben, ist untrennbar verbunden mit unserem Bewusstseinszustand. Sie spiegelt ihn wider. Ein kleines Beispiel: Wenn ich mich ständig darüber beschwere, wie schlecht die Menschen zu mir sind und wie übel mir mitgespielt wird, ist es sehr wahrscheinlich, dass genau solche Menschen und unangenehme Situationen sich in meinem Leben häufen. Man trifft meistens immer nur sich selbst. Ein friedlicher Mensch wird mehr andere friedliche Menschen treffen als einer, der ständig in Unfrieden mit sich und der Welt lebt. Die meisten sind überzeugt, dass sich die Welt durch äußere Einflüsse verändert. Doch die wirkliche Veränderung kann nur mit dir beginnen. Durch die Veränderung im Bewusstsein. Eine Loslösung vom automatischen Verhaftetsein. Hier und jetzt kann ich mich für die innere Tiefe und Weite öffnen.

Akzeptieren, was ist

Doch dann kommt die Herausforderung im täglichen Leben. Wie kann ich in schwierigen Situationen mit der Tiefe verbunden bleiben? Ich empfehle da eine ganz einfache, aber sehr wirksame spirituelle Praxis: Das innere Akzeptieren des jetzigen Moments. Zunächst gilt es zu erkennen, dass ein Nicht-Akzeptieren – was allgemein üblich ist – an Wahnsinn grenzt. Was ist, ist bereits der Fall. Wer in Feindschaft ist mit dem, was ist, ist in Feindschaft mit dem Leben selbst. Der normale, nicht-erwachte Ego-Zustand bedeutet genau das: Ein ständiges Abwehren, Nicht-Anerkennen, sich beklagen, Davonlaufen. Ein ständiges Verneinen dieses Moments. Das beginnt mit kleinen Dingen.

Die Unzufriedenheit scheint immer aus der Situation zu kommen, in der man sich gerade befindet. Selbst Menschen, die schon im Erwachensprozess sind, lassen sich zu Reaktionen verleiten, die eigentlich nicht nötig und unangemessen sind; und zwar deshalb, weil die Situation selbst nicht so gesehen wird, wie sie ist, sondern stattdessen eine Geschichte dazu gesponnen wird, die zu 95% für die Emotionen und das unangemessene Verhalten sorgt. Man steht im Flughafen in einer Warteschlange, und es scheint einfach nicht weiterzugehen. Schon bald meldet sich der innere Kommentator: Was ist denn das für eine unprofessionelle Organisation! Ich werde mich beschweren. Wenn ich den Flug verpasse, schaffe ich es nicht zur Konferenz und verliere womöglich meinen Job – und so weiter.

Die Testfrage, die mir selbst zeigt, wie erwacht ich bin, lautet: Wie ist meine Relation zum jetzigen Moment? Diese Frage kann ein Erwachen auslösen. Ich bin nicht zufrieden im jetzigen Moment. Dieser Moment dürfte nicht sein. Dies hätte nicht geschehen dürfen, jenes hätte geschehen müssen. Und die weitere wichtige Frage: Was ist der wirkliche Grund, dass ich jetzt unzufrieden und unglücklich bin? Ist es die Situation? Oder sind es vielmehr meine Gedanken, mit denen ich die Situation interpretiere? Ich muss unterscheiden lernen zwischen der Situation selbst und meiner Geschichte dazu im Kopf.

Das betrifft dieses Leben überhaupt. 95% des Unglücklich- und Unzufriedenseins kommt aus der Lebensgeschichte, die ich mir ständig erzähle. Was alles schlecht gegangen ist. Nur 5% sind echtes Leid, wenn ein geliebter Mensch gestorben ist oder mir der Arzt sagt, dass ich nur noch drei Monate zu leben habe. Durch ständiges Beklagen, nicht wollen, was ist, stärkt sich das Selbstgefühl des fiktiven Egos. Am Ende steht sowie das Grab. Auf dem Grabstein eines Riesenegos steht dann geschrieben: „Wenn du das hier liest, bin ich vor dir angekommen und habe gewonnen."

In einer Phase von echtem Leid ist es wichtig, den Schock, die Angst und Verzweiflung zuzulassen. Ich habe mit etlichen Menschen erlebt, dass sie durch die Situation gezwungen waren, die innere Tiefe wahrzunehmen. Eine Todkranke sagte mir: „Wenn ich den jetzigen Moment verlasse, dann kommt das Leid." Es war keine Flucht mehr möglich, sie hatte keine Zukunft mehr. Sie lebte in ständiger Achtsamkeit. Die Herausforderungen des Lebens sind eine Gelegenheit, innerlich zu wachsen, die wahre Bedeutung des Lebens hier auf der Erde zu erkennen und mit der zeitlosen und formlosen Dimension des Seins, unserer Essenz, immer tiefer verbunden zu sein. [6]

---

6 Dieses Kapitel ist eine nicht streng wörtliche Wiedergabe auf der Grundlage meiner Notizen, bevor die DVDs der Talks von 2015 im Kamphausen-Verlag erschienen.

KAPITEL 3

Was bin ich wirklich?

Das ist die Frage, die sich wie ein roter Faden durch Eckhart Tolles Lehre zieht. Indem ich meine Gedanken und Gefühle beobachte, kann ich zum Beispiel entdecken, was mich immer wieder ärgert, was meinen Neid erweckt, was mich vorübergehend zufrieden macht. Ich bemerke, dass nach einer glücklichen Phase bald wieder eine nicht so glückliche kommt. Wonach sehne ich mich? Was sind meine Schwächen?

Diese Art der Selbsterforschung bezieht sich auf die Person, die ich zu sein glaube. Um zu erkennen, wer ich wirklich bin, ist es wichtig, diese psychologische Ebene zu untersuchen. Eine solche Untersuchung findet sich in Eckharts Buch „Eine Neue Erde". Er schreibt dort:

„Ein essenzieller Bestandteil des Erwachens ist die Erkenntnis des noch nicht erweckten Selbst, des Ego, wie es denkt, spricht und handelt, und die Einsicht in die kollektiv konditionierten geistigen Vorgänge, die den Zustand des Nichterwachtseins zementieren. Darum zeigt das Buch die Hauptmerkmale des Ego auf und beschreibt, wie sie sowohl beim Einzelnen als auch im Kollektiv wirken. Dies ist aus zwei zusammenhängenden Gründen wichtig: Erstens kannst du, wenn du die Grundmechanismen hinter dem Wirken des Ego nicht kennst, es auch nicht durchschauen, und dann überlistet es dich, so dass du dich immer wieder mit ihm identifizierst. Das heißt, es ergreift Besitz von dir als eine Art Hochstapler, der vortäuscht, du zu sein. Der zweite Grund ist der, dass der Akt der Erkenntnis selbst einer der Wege ist, auf denen das Erwachen stattfindet. Wenn du das Unbewusste in dir erkennst, *ist das*, was die Erkenntnis möglich macht, das entstehende Bewusstsein, das Erwachen."[7] (Neue Erde, S. 9)

Allerdings kann die Beschäftigung mit mir selbst auch zu einer Art Egomanie führen. Meine Gedanken kreisen dann ständig um Fragen wie: Habe ich das gerade ehrlich gemeint oder nicht? Ist diese Art der Verlegenheit von meinem Vater oder meiner Mutter? War ich als Jugendlicher nicht viel selbstbewusster als heute? Das geht ins Uferlose und bleibt an der Oberfläche. Es geht vielmehr um ein möglichst neutrales Beobachten meiner selbst – dessen, was im Kopf an Gedanken abläuft, wie ich agiere und reagiere, welche Emotionen hochkommen. Wenn möglich, sollte das Ego dabei nicht allzu ernst genommen werden:

„Wenn du dich dabei ertappst, dass dein Verhalten vom Ego bestimmt ist, dann lächle. Bisweilen wirst du sogar lachen müssen. Wie konnte die Menschheit so lange auf so etwas hereinfallen? Vor allem eins musst du dir klar machen: Das Ego ist nichts Persönliches. Es ist nicht du. Wenn du das Ego für dein persönliches Problem hältst, verdankst du das auch wieder dem Ego." (Erde, S. 30)

Das Ego bin ich als Objekt, das sich stets verändert. Die tiefer gehende, spirituelle Frage von „Was bin ich wirklich?" bezieht sich auf das, was sich nie verändert. Darum geht es in Eckharts Lehre.

„Alles Erkennen gehört dem Reich der Dualität an – Subjekt und Objekt, Erkennender und Erkanntes. Das Subjekt, das Ich, der Erkennende, ohne den nichts erkannt, wahrgenommen, gedacht oder gefühlt werden kann, bleibt für immer unerkennbar. Das liegt daran, dass das Ich keine Form hat. (...) Nun kannst du zwar das Bewusstsein selbst nicht erkennen, aber es kann dir als dein Selbst bewusst werden. Du kannst es in jeder Situation unmittelbar spüren, egal, wo du bist. Du kannst es hier und jetzt als deine eigene Präsenz spüren, als inneren Raum, in dem die Worte

7 Eckhart Tolle: Eine neue Erde. Bewusstseinssprung anstelle von Selbstzerstörung. München 2005, (E-Book)

auf dieser Buchseite wahrgenommen werden und sich in Gedanken verwandeln. Es ist das grundlegende Ich-bin. Die Worte, die du liest und denkst, schaffen den Vordergrund, während das Ich-bin das Substrat dazu bildet, den tiefer liegenden Urgrund aller Gedanken, Erfahrungen und Gefühle.“ (Erde, S. 155)

In seiner Rede in Karlsruhe 2010 sagte Eckhart (hier teils wörtlich wiedergegeben, teils sinngemäß zusammengefasst):

„In der Verfassung der Vereinigten Staaten heißt es: ‚Die Suche nach dem Glück ist jedes Menschen Recht.' Ja, das ist gut, aber was ist, wenn es immer nur bei der Suche bleibt? Wo ist das Nächste, das mich befreit von der Angst, das nächste Ziel, das mir Erfüllung gibt? Manchmal glaubt man, es gefunden zu haben, und dann wird man wieder ent-täuscht. Enttäuschung ist ja eigentlich etwas Gutes, das Ende der Täuschung.

Ohne Transzendenz ist der Mensch ein konditioniertes Phänomen, konditioniert von der Vergangenheit; und das Identitätsgefühl, das Gefühl seiner selbst, bezieht der Mensch zunächst einmal aus äußeren Dingen, aus dem Ansehen in der Gesellschaft, aus der Kleidung. Man schaut sich im Spiegel an und ist vielleicht zufrieden, dass man besser aussieht als die meisten anderen (Lachen im Publikum) – das stärkt das Selbstgefühl.“

Sich der Konditionierung bewusst werden

Eckhart erläutert, wie die Identifikation mit dem Ich abläuft und was daraus entsteht. Wir suchen immer wieder nach neuen Dingen, um dieses falsche Selbstgefühl zu stärken. Das betrifft auch den spirituellen Sucher. Da gibt es die Mönche, vor allem die jungen, die sich so ernst nehmen. Aber wer sich zu ernst nimmt, der ist verstrickt in dem falschen Selbstgefühl. Schon Kinder kämpfen darum, wer besser ist oder wessen Vater das größere Auto hat. Eckhart: „Mein Vater hatte überhaupt kein Auto, und ich musste mir da etwas anderes einfallen lassen: ‚Mein Onkel kennt jemanden, der einen Sportwagen fährt.' (Allgemeines Gelächter) Jedenfalls ist immer dieses Gefühl da, noch nicht angelangt zu sein. Manchmal glaubt man, es erreicht zu haben, aber dann wird man natürlich wieder ent-täuscht."

Die Art, wie Eckhart dieses „ent-täuscht" vorbringt, sorgt wieder für Begeisterung. Doch da meldet sich unvermittelt jemand aus dem Publikum und beschwert sich, dass das ja nun allen bekannt sei und drängt darauf, was denn die Lösung ist. Eckhart antwortet (sinngemäß):

„Das kommt noch. Ich beschreibe erst einmal, wie es ist, und das kann schon ein Erkennen auslösen. Das Erkennen der unbewussten Identifikation ist schon ein Heraustreten. Wir haben Zeit." (Lachen, Klatschen)

„Im Grunde identifiziere ich mich nicht mit Dingen, sondern mit Gedanken. Das Auto, das Aussehen, auch im negativen Sinn, wie ich es selbst lange Zeit erlebte: ‚Oh, ich bin hässlich und dünn und schwach!' (Eckarts anschauliche Gesten lassen alle lachen). Die Wurzel des Selbstgefühls ist nicht zu finden in den äußeren Dingen, sondern in ihrem Äquivalent, den Gedankenformen. Das falsche Selbst entsteht und bleibt, wenn ich mich nur als Gedankenform kenne. Das ist meine persönliche Geschichte, die ich mir selbst im Kopf und anderen erzähle, die mir zuhören wollen. Ich bin dann ein Gedankenbündel mit den entsprechenden Emotionen."

Eckhart erläutert: Die Gedankenformen erklären die Welt, jede Situation wird durch den Schleier der Gedanken gesehen, die Realität ist eine Konzeptwelt. Gegner mit anderen Konzepten machen das Selbst stärker. Die Tatsache, dass wir im 20. Jahrhundert zwei Weltkriege mit 150 Millionen Toten hatten, zeigt deutlich, dass wir an einer Geisteskrankheit leiden, die als Normalzustand bezeichnet wird. (Starke Zustimmung im Publikum). Wir sind hier, um dies zu ändern. Frühere Meister haben darauf hingewiesen, doch es bestand noch nicht die dringende Notwendigkeit einer grundlegenden Veränderung wie heute. Nun geht es darum, dass wir uns für einen neuen Bewusstseinszustand der Transzendenz öffnen und diese Erfahrung ins alltägliche Leben integrieren. Das kollektive Bewusstsein (Ideologien wie Kommunismus etc.) ist keine Lösung, um über das Persönliche hinauszugehen. Wir müssen vielmehr heraustreten aus der persönlichen und kollektiven Identifikation mit dem falschen Selbst, den Gedankenformen, und eintreten in eine viel tiefere Dimension.

Sich dem neuen Bewusstsein öffnen

„Wie erkennen wir uns in dieser Tiefe? Ist es möglich, aus dem Kreisen des zwanghaften Denkens herauszutreten? Das versuchen wir jetzt. Zunächst indem wir unsere Aufmerksamkeit auf die Sinneswahrnehmungen lenken. Wir hören die Stimme des Mannes, der gerade spricht. Wir sind uns der Menschen um uns herum und des Raumes gewahr. Können wir das wahrnehmen, ohne es benennen zu müssen, ohne die Vergangenheit durch Gedanken hineinzubringen? Eine unschuldige Wahrnehmung. Das Gegenwartsbewusstsein ist die Fähigkeit wahrzunehmen, ohne das Wahrgenommene zu benennen und einfach nur zu genießen – ohne das konditionierte Selbst. Das ist eine rudimentäre spirituelle Praxis: Man sieht das Licht, die Farben, ist sich der Frische der Wahrnehmung bewusst. Die Realität ist nicht in den Worten, die Worte sind immer nur Fingerzeige. Da kommt eine Art Dankbarkeit für die Vielfalt und Schönheit des Lebens auf."

Eckhart erklärt: Jede Wahrnehmung kommt aus dem Raum der Stille in uns. Ich werde mir bewusst, dass ich bewusst bin. Ich bin das Bewusstsein. Jesus sagte: Ihr seid das Licht der Welt. Er sprach zu Fischern, aber er sprach eigentlich nicht zu Personen, sondern eben zu dem, was tiefer liegt, zur Essenz des Menschen. Was ist das, was all dies ermöglicht zu sein? Das Bewusstsein. Es ist kein Objekt, keine Gedankenform, sondern gleichsam der innere Raum, der alle Gedankenformen und Wahrnehmungen möglich macht. In jeder alltäglichen Situation, beim Autofahren, beim Kochen oder Essen, können wir uns sagen: „Ich möchte gegenwärtig sein", und das bezieht sich nicht nur auf den Kopf, sondern auf den ganzen Körper. Wir spüren den „inneren Körper" und sind so völlig präsent. „Du bist das Licht der Welt", sagt Eckhart Tolle am Schluss, verneigt sich bescheiden, und das Publikum klatscht und jubelt noch lange.

Exkurs: Ramana Maharshi[8]

Ich möchte an dieser Stelle eine Methode der Selbsterforschung vorstellen, die Eckhart teilweise in seine Lehre integriert hat. Sie stammt ursprünglich von Ramana Maharshi, der ja – wie Eckhart selbst sagt – neben Jiddu Krishnamurti seine bevorzugte Inspirationsquelle ist. Zum besseren Verständnis gebe ich zunächst ein kurzes Porträt dieses außergewöhnlichen indischen Gurus.

Ramana Maharshi, am 30. 12. 1879 geboren in Tiruchuli im südindischen Tamil Nadu, gestorben am 14. 4. 1950 in Tiruvannamalai, wird in Indien als Heiliger verehrt und gilt seit einigen Jahrzehnten, spätestens seit der sogenannten „Satsang-Bewegung", auch im Westen als ein spiritueller Meister, der zum Erwachen führen kann. Erstaunlich ist: Ein Mensch, der sich über fünfzig Jahre seines Lebens an ein und demselben abgelegenen Ort aufhält, keinerlei persönliche Ansprüche stellt oder sich gar „promotet", zieht Tausende aus aller Welt an. Ebenso erstaunlich: Einen 16-jährigen Schuljungen packt an einem ganz normalen Nachmittag wie aus heiterem Himmel eine unerklärliche Todesangst. Er kämpft nicht dagegen an, sondern beobachtet, wie der Körper in eine Starre verfällt. Und da ist die Erkenntnis: „Der Körper stirbt, aber das Bewusstsein wird vom Tod nicht berührt!"

8 Dieser Exkurs ist teilweise aus Christian Salvesen: Advaita...O.W. Barth, 2003 (vergriffen)

Was dem jungen Venkataraman, später Ramana Maharshi genannt, an diesem Nachmittag widerfährt, bleibt als Einsicht bestehen. „'Ich' bin unsterbliches Bewusstsein. All dies waren keine müßigen Gedanken: Sie durchfuhren mich wie eine mächtige lebendige Wahrheit, die ich unmittelbar erkannte, fast ohne jeden Denkvorgang. ‚Ich' war eine Wirklichkeit, das einzig wirkliche dieses augenblicklichen Zustandes. Alle bewusste Tätigkeit, die mit meinem Körper verbunden war, mündete ein in dieses ‚Ich'. Von diesem Augenblick an forderte das ‚Ich' oder das ‚Selbst' in machtvollem Zauber alle Aufmerksamkeit. Die Todesangst war ein für allemal ausgelöscht. Ich blieb von dieser Zeit an völlig im ‚Selbst' versunken."[9]

Ohne mit jemandem über seine außergewöhnliche Erfahrung zu sprechen, verlässt Ramana einige Wochen später das Haus seines Onkels, in dem er seit dem frühen Tod seines Vaters wohnte. Es zieht ihn zum Arunachala, dem heiligen Berg Shivas. Als Kind hat er von dem Berg gehört und ihn in einem Traumreich angesiedelt. Doch inzwischen weiß er: Der Arunachala existiert wirklich, nur einige hundert Kilometer entfernt. Er erreicht mit dem Zug die Stadt Tiruvannamalai am Fuße des heiligen Berges, lässt sich den Kopf kahl scheren, gibt seine letzten Habseligkeiten bis auf ein Lendentuch weg und verschwindet in der Tiefe des großen, über 1000 Jahre alten hinduistischen Tempels. Tage später finden ihn einige Priester im dunklen Kellergewölbe, „Patala Lingam" genannt, reglos sitzend. Große Wunden klaffen an seinen von Insekten angefressenen Beinen. Der Junge scheint nicht ansprechbar und wird zur ärztlichen Behandlung hinausgetragen.

Auch nachdem er körperlich wieder zu Kräften gekommen ist, schweigt Ramana, schreibt aber doch schließlich seinen Namen und Geburtsort auf. In den folgenden Jahren lebt und meditiert er an verschiedenen Plätzen und Höhlen auf dem Berg. Eine kleine Gruppe von Schülern schart sich um den nun etwa 25-jährigen

9 Quelle: Lex. d. östl. Weish., S. 304, /Ramana Maharshi, Gespräche des Weisen vom Berge Arunachala, Ansata, Interlaken 1984

Ramana. Er spricht nur selten und wenig. Stille Präsenz gilt ihm als die beste Art der Vermittlung dessen, was er als Wahrheit erkannt hat. Später sagt er: „Ein Verwirklichter sendet Wellen spiritueller Kraft aus, die viele Menschen anzieht. Er mag dabei in einer Höhle sitzen und schweigen. Wir können uns lange Vorträge über die Wahrheit anhören und doch kaum etwas begreifen; doch wenn wir in Verbindung mit einem Verwirklichten kommen, werden wir sofort begreifen, obgleich er nichts sagt."[10]

Ich war 2004 einige Tage Gast im Sri Ramana Ashram in Tiru, ging jeden Morgen den meist schattigen Weg zum früheren, sehr kleinen Skandashram und saß still in einer Höhle, wo Ramana meditiert hatte. Selten habe ich so stark das Phänomen erlebt, dass Zeit keine feste Größe ist. Mal schienen dreißig Minuten (nach der Uhr) wie drei Minuten, mal drei Minuten wie ein halbes Leben.

Im Umfeld des heutigen Sri Ramana Ashrams, dessen Eingang an einer verkehrsreichen Durchgangsstraße liegt, herrschte schon 2004 eine sehr lebendige, „multi-spirituelle Szene". Etliche spirituelle Lehrer aus Indien und aller Welt scharten kleine Gruppen um sich, gaben Satsangs, Talks oder Retreats. Ich hatte mich mit meiner kanadischen Ehefrau Ieva der Gruppe um Karl Renz aus Deutschland angeschlossen; und so begegneten wir Kim Eng, der Lebensgefährtin von Eckhart Tolle, und führten in den Restaurants etliche längere Gespräche. Ieva und Kim verstanden sich nicht nur gut, weil sie beide Kanadierinnen sind, sondern weil es natürlich spannend war, die Unterschiede zwischen Karl Renz und Eckhart Tolle zu diskutieren.

Es gibt aber auch Gemeinsamkeiten, und dazu gehört eben ganz wesentlich Ramana Maharshi und seine außerordentliche Präsenz. Obwohl sein Körper längst vergangen ist – er befindet sich angeblich mumifiziert im Meditationssitz unter der Halle, wo er seit den Zwanzigerjahren Sucher aus aller Welt empfing und

---

10 Ramana Maharshi: Sei, was du bist! Ramana Maharshis Unterweisung über das Wesen der Wirklichkeit und den Pfad der Selbstergründung. Herausgegeben von David Godman. O. W. Barth Verlag. Bern, München, Wien, 2. Aufl. 1991, S. 133

wo nun täglich Mantra-Gesänge und Rezitationen stattfinden – herrscht dennoch überall im Ashram eine Atmosphäre entspannter Wachsamkeit. Die Rufe der Vögel scheinen geheimnisvoller, bedeutsamer, sogar das Autohupen von der Straße kommt wie aus einem mystischen Raum. Die regelmäßig stattfindenden Konzerte mit indischer Musik bleiben unvergesslich. So wie dem Berg Arunachala seit Jahrtausenden eine magische Kraft zugeschrieben wird, ist hier noch eine besondere Energie zusätzlich oder in Verbindung mit dem heiligen Berg spürbar.

Das wahre Selbst

Ramana ging auf jeden Fragenden ein, so wie er war. Doch wenn möglich sprach er davon: Es gibt nur das Selbst, das eine, allumfassende und zeitlose Bewusstsein, reines Gewahrsein. Das ist der Kern von Advaita: Das Eine-ohne-ein-Zweites.

Für dieses eigentlich undefinierbare Eine verwendet Ramana verschiedene Begriffe aus der Advaita-Vedanta-Tradition:

Atman (in Tamil auch „Ich-Ich") = das Selbst (das große SELBST)
Sat-Chit-Anand = Sein-Bewusstsein-Glückseligkeit
Brahman/Shiva = der unpersönliche Gott, das formlose Sein
Hridayam = das Zentrum, die Quelle, das Herz
Jnana = Erkenntnis, reines Gewahrsein (ohne Subjekt-Objekt)
Turiya/Turiyatita = Was allen Zuständen (Wachen, Träumen, Tiefschlaf) zugrunde liegt und immer ist.
Sahaja-Sthiti = der natürliche Zustand
Svarupa = die wirkliche Form, das wahre Wesen
Mouna = Schweigen, Stille, jenseits aller Worte.[11]

Außerdem hat Ramana Analogien parat, die besonders anschaulich sind. Beispiel Film: Die Welt mit all ihren Erschei-

11 Vgl. hierzu Ramana Maharshi, op. cit. Einleitung von Godman, S. 16-19

nungen, inklusive „meines“ Körpers, „meiner“ Gedanken und Gefühle, ist wie ein Film auf der Leinwand. So spannend oder unterhaltsam der Film auch sein mag, das einzig Wirkliche an ihm ist die Leinwand, auf der die schnell wechselnden Bilder aufleuchten. Doch wer achtet schon auf das, worauf oder worin die Bilder erscheinen? Die Leinwand repräsentiert das stets im Hintergrund bleibende Bewusstsein, das wir in Wahrheit sind.

„Auf der Leinwand sehen Sie manchmal einen großen Ozean mit endlosen Wogen; dann verschwindet er wieder. Oder Sie sehen ein sich ausbreitendes Feuer, das auch wieder verschwindet. Ist die Leinwand vom Wasser nass geworden oder vom Feuer verbrannt? Nichts hat die Leinwand berührt. Genauso berühren die Dinge, die im Wachen, Träumen und Tiefschlaf geschehen, Sie nicht, denn Sie bleiben Ihr eigenes Selbst.“ (Ramana op. zit., S. 23)

In dieser Analogie repräsentiert nicht etwa der Filmzuschauer, sondern die Leinwand das Selbst. „Die Vorstellung vom Selbst als Zuschauer existiert nur im Denken, es ist nicht die absolute Wahrheit des Selbst. Zum Zuschauen muss es Objekte geben, die gesehen werden. Sowohl der Zuschauer als auch seine Objekte sind Schöpfungen des Geistes.“ (Ramana, S. 24)

Die Leinwand steht für das reine Gewahrsein vor jeder Erfahrung oder Erkenntnis. Manchmal, wenn wir gerade aus dem Schlaf aufwachen und für den Bruchteil einer Sekunde keine Ahnung haben, wer und wo wir sind, macht sich die Ebene des reinen Gewahrseins, die „Leinwand“, dem Wachbewusstsein bemerkbar. Und schon im nächsten Moment kommt der erste Gedanke: „Ich – wer – wo?“ Der Film beginnt.

Immer wieder sagt Ramana den Fragenden, es gebe nichts zu „ver-wirklichen“ oder zu erreichen. Denn DAS, in dem alles erscheint und wieder verschwindet, ist ja schon immer da! Das Selbst braucht keine Verwirklichung. Es ist in sich vollkommen und glückselig. Doch, so kommt prompt die Frage: Wenn ich diese Wahrheit und Glückseligkeit bin, warum weiß und fühle ich es nicht?

Ramana antwortet darauf – wie schon die Upanishaden – mit dem Hinweis auf die Avidya, das Nicht-Sehen-(Wollen). Ein Sucher fragt: Wie kann ich das Selbst erreichen? Ramana:

„Es gibt kein Erreichen. Wäre das Selbst zu erreichen, hieße das, dass es nicht hier und jetzt ist und noch erlangt werden muss. Was erlangt wird, kann auch verloren gehen; es ist also unbeständig. Es lohnt nicht, nach dem zu streben, was unbeständig ist. Ich sage deshalb, dass es kein Erreichen des Selbst gibt. Sie sind das Selbst. Sie *sind* bereits Das. Tatsache ist, dass Sie Ihren beseligten Zustand nicht kennen. Nichterkenntnis tritt dazwischen und zieht einen Schleier über das reine Selbst, das Seligkeit ist. Alle Bemühungen gelten allein der Beseitigung des Schleiers, der nur aus falscher Erkenntnis besteht. Diese falsche Erkenntnis ist die Identifizierung des Selbst mit Körper und Geist. Wenn diese verschwindet, bleibt das Selbst allein zurück."

Der Schleier, von dem Ramana spricht, besteht aus mehreren Schichten. Eine davon ist die *Vorstellung* vom Selbst und von der Selbstverwirklichung:

„Das Selbst ist immer gegenwärtig. Jedermann möchte das Selbst erkennen. Welche Hilfe braucht man, um sich selbst zu erkennen? Die Menschen möchten das Selbst als etwas Neues sehen. Aber es ist ewig und gleichbleibend. Sie wollen es als strahlendes Licht oder so etwas sehen. Wie wäre das möglich! Es ist weder Licht noch Finsternis. Es ist nur, was es ist, und kann nicht definiert werden. Die beste Definition ist ‚Ich bin, der ich bin'." (S. 20)

Jede Vorstellung vom Selbst, auch die Erinnerung an ein mystisches All-Einheitserlebnis, erzeugt einen Schleier. Das betrifft nicht nur den Inhalt – also ob ich mir das Selbst als allumfassenden Raum oder als Zustand friedvoller Harmonie vorstelle. Allein die Tatsache, dass ich mich überhaupt auf irgendetwas beziehe, verdeckt die Wahrheit und Seligkeit, die ich bin. Beziehung bedeutet immer auch Dualität. „Ich jetzt" im Unterschied zu „Ich in der Zukunft" – und dann möglichst voll erwacht und glückselig.

Meine Vorstellung von Glückseligkeit stimmt irgendwie nicht

überein mit dem, wie ich mich jetzt fühle? Das ist der Normalfall. Die relative Ebene kann nur die scheinbare Lösung bieten, nämlich dass die beiden sich widersprechenden Vorstellungsinhalte möglichst in Übereinstimmung gebracht werden müssen. Aus zwei mach eins. Das ist *nicht* Advaita! Der Verstand scheint hier seinen „blinden Fleck" zu haben. Er kann nur verschiedene Inhalte und Zustände erkennen und vergleichen. Was auch immer er „bearbeitet" oder „erforscht", über die Dualität kommt er nicht hinaus. Selbsterkenntnis kann er nur im Subjekt-Objekt-Schema verstehen. Die eigentliche „Aufgabe" besteht nun aber gerade darin, dieses Schema als Illusion zu durchschauen und tatsächlich fallenzulassen, also „aufzugeben".

Statt: „Erkenne, wer du bist!" „Sei, was du bist!" Darin liegt ein ganz eigentümlicher Ruck vom Denken zum Sein. Der Satz scheint völlig „verrückt"! Der mit dem Nicht-Wissen tanzt. Der eingesehen hat, dass er sich selbst nie wird zum Objekt machen können, sich selbst nie wird verstehen und begreifen und begrenzen können. Welch eine Freiheit! Ich bin weder der Gewinner noch der Verlierer, weder der Gute noch der Schlechte, weder der Junge noch der Alte, weder Frau noch Mann. Ich bin das, was alles erkennt und sich selbst nie erkennen kann! Das *bin* ich, ob ich will oder nicht.

Ich *bin* schon, was ich zu erkennen und zu erreichen suche. Doch weil ich meine, mich selbst suchen und erkennen zu müssen, kann ich nicht sein, was ich in Wahrheit bin. Die Fragen (F) kreisen um diesen Widerspruch. Ramanas Antworten (A) greifen die Perspektive des Fragenden auf und zielen immer in dieselbe Richtung.

„F: Wie lange dauert es, bis man Mukti (Befreiung) erreicht?

A: Mukti wird nicht in der Zukunft erreicht. Befreiung ist immer da, hier und jetzt.

F: Ich stimme Ihnen zu, aber ich erfahre sie nicht.

A: Die Erfahrung ist hier und jetzt da, denn niemand kann sein eigenes Selbst verleugnen.

F: Das bedeutet zwar Dasein, aber nicht Glück.

A: Dasein ist dasselbe wie Glück, und Glück ist dasselbe wie

Dasein. Das Wort Mukti ist so herausfordernd. Aber warum sollte man Befreiung suchen? Man glaubt, gebunden zu sein, und sucht deshalb Befreiung. Tatsache ist aber, dass es keine Bindung gibt, sondern nur Befreiung. Warum ihr einen Namen geben und danach suchen?“ (S. 31)

Und wieder die Frage: Ja, aber so erlebe ich mich doch nicht! Ich fühle mich nicht frei und glückselig! Ramana: „Wer sagt, dass er das nicht fühlt? Sagt das das wahre ‚Ich' oder das falsche ‚Ich'? Untersuchen Sie das. Sie werden finden, dass es das falsche ‚Ich' ist.“ (S. 85)

Die Methode der Selbstergründung

Ramana erkannte in seiner spontanen „Todesmeditation“, dass das Bewusstsein, das Selbst, unabhängig vom Körper und zeitlos ist. Eine solche Meditation ist seit den Upanishaden als spirituelle Übung bekannt. Doch der Maharshi schlug den Suchern, die ihn um eine praktische Übung baten, eine Methode vor, die in jeder Situation angewendet werden kann. Man muss sich dazu nicht totstellen, sondern kann im Bus fahren, in der Natur wandern oder sich mit jemandem unterhalten. Er nannte die Methode *atma vichara*, Selbst-Ergründung.

Dabei wird die Aufmerksamkeit auf das subjektive Empfinden von 'Ich' oder 'Ich bin' gerichtet und die Verbindung zu weiteren Objekten wie 'Ich bin der Körper', 'ich denke', 'ich lese' 'ich bin wütend' abgeschnitten oder gar nicht erst zugelassen. Das wahre Ich hat nie die Vorstellung, dass es denkt oder handelt. Erst durch die Begrenzung auf 'ich bin der Körper' entsteht der individuelle 'Ich-Gedanke' (Aham Vritti) und die Fiktion, ich würde eigenständig (getrennt von dem einen Selbst) denken, fühlen und handeln.

„Das Selbst kann nicht der Handelnde sein. Finden Sie heraus, wer der Handelnde ist, und das Selbst ist enthüllt.“ (S. 54)

„'Ich bin' ist Wirklichkeit. ‚Ich bin dies oder das' ist unwirklich.“ (S. 59)[12]

„Das Ego ist wie eine Raupe, die einen Halt erst loslässt, wenn sie einen anderen gefunden hat. Sein wahres Wesen wird entdeckt, wenn es keinerlei Kontakt zu Objekten oder Gedanken hat.“

„Der Gedanke ‚Ich bin dieser Körper aus Fleisch und Blut' ist der Faden, auf dem die vielen anderen Gedanken aufgereiht sind. Wenden wir uns dann aber nach innen mit der Frage ‚Wer ist dieses Ich', enden alle Gedanken einschließlich des Ich-Gedankens, und Selbsterkenntnis leuchtet spontan auf.“ (S. 68)

Die leitende Frage lautet: Wer bin ich? Was ist dieses Ich, das sich mit einem Körper, mit Wahrnehmungen, Gefühlen und Gedanken identifiziert, sich zum Akteur und Besitzer macht und schließlich gar sich selbst erkennen und als Schöpfer, „als Quelle“ erfahren will? Es ist ein Gedanke. Ein geistiger Impuls, der aus dem Bewusstsein aufsteigt und wieder darin zurücksinkt. Ramana nennt das den „Ich-Gedanken“. Er leitet immer wieder dazu an, den Ich-Gedanken zur Quelle zurückzuverfolgen, so „als würde ein Hund seinen Herrn durch dessen Geruch aufspüren“.

„Woher steigt dieses 'Ich' auf? Suchen Sie im Inneren danach, dann verschwindet es. Dies ist das Streben nach Weisheit. Wenn der Geist unaufhörlich nach seiner eigenen Natur forscht, stellt sich heraus, dass es so etwas wie den Geist gar nicht gibt. Dies ist der direkte Weg für alle. Der Geist besteht nur aus Gedanken, und der Gedanke 'ich' ist die Wurzel aller anderen Gedanken. Deshalb ist der Geist nichts als der Ich-Gedanke. Die Geburt des Ich-Gedankens ist unsere eigene Geburt, sein Tod ist der Tod der Person. Nachdem der Ich-Gedanke entstanden ist, entsteht die falsche Identifizierung mit dem Körper. Werden Sie den Ich-Gedanken los. Solange das 'Ich' da ist, gibt es Kummer. Wenn es aufhört, ist auch der Kummer verschwunden.“ (S. 64)

Ramanas Methode der Selbstergründung ist auf unterschiedli-

12 E. Tolle schreibt: „Die letzte Wahrheit dessen, wer wir sind, lautet nicht: »Ich bin dies« oder: »Ich bin das«, sondern: »Ich bin«. (Erde, S. 40)

che Weise missverstanden worden. In der Advaita-Vedanta-Tradition existierte bereits eine Übung, die ebenfalls „Atma Vichara" heißt. Sie benutzt das „Neti-Neti": Ich bin weder dies noch das. Das scheint dem zu entsprechen, worauf Ramana hinaus will: Den Ich-Gedanken von allen Verbindungen zu isolieren. Doch der Maharshi sieht in der Neti-Neti-Methode, wie sie von den Advaita-Gelehrten benutzt wird, ein intellektuelles Vorgehen, das den Ich-Gedanken selbst gar nicht infrage stellt. „Derjenige, der alles ‚Nicht-Ich' ausschließt, kann das ‚Ich' nicht auslöschen. Damit Sie sagen können ‚Ich bin nicht dies' oder ‚ich bin das' muss ein ‚Ich' vorhanden sein. Dieses ‚Ich' ist nur das Ego oder der Ich-Gedanke." (S. 93)

Ebenso wenig möchte Ramana die Selbsterforschung als Affirmation verstanden wissen. Wer auf die Frage. „Wer bin ich?" bereits die traditionelle Antwort parat hat: „Ich bin Brahman", der versteht nicht den methodischen Sinn der Frage. Sie soll eine Richtung weisen. Alle Antworten können nur falsch sein, weil sie vom Ego kommen.

„F: Soll ich über ‚Ich bin Brahman (Aham-Brahmasmi) meditieren?

A: Diese Textstelle ist nicht so gemeint, dass Sie denken sollen: ‚Ich bin Brahman'. Aham (ich) ist jedem bekannt. Brahman weilt als Aham in jedem. Finden Sie dieses ‚Ich'. Das ‚Ich' ist bereits Brahman; Sie brauchen das nicht erst zu denken. Finden Sie einfach das ‚Ich'." (S. 94)

„F. Ist es nicht besser zu sagen ‚Ich bin das höchste Wesen' als zu fragen ‚Wer bin ich?'

A: Wer bestätigt? Es muss jemand da sein, das zu tun. Finden Sie ihn." (S. 96)

Die Frage „Wer bin ich?" ständig wie ein Mantra zu wiederholen, ist auch nicht der Punkt. Es geht hier um die Intention, um die Ausrichtung der Aufmerksamkeit nach innen. Anfangs ist Anstrengung nötig, um sich auf das „Ich bin" zu konzentrieren und die Gedanken auf ihre Quelle zurückzuverfolgen.

„Was unabdingbar von ihm (dem Wahrheitssucher) gefordert

wird, ist eine ernsthafte, gesammelte Suche nach der Quelle des Aham-Vritti (des Ich-Gedankens). Das Denken wird nur versiegen durch die Ergründung ‚Wer bin ich?'. Dieser Gedanke zerstört alle anderen Gedanken und wird schließlich selbst zerstört wie ein Stock, den man zum Schüren eines Scheiterhaufens benutzt. Wenn sich andere Gedanken erheben, sollte man, ohne sie zu vollenden, fragen: ‚Wem kommen sie?' Was spielt es für eine Rolle, wie viele Gedanken aufsteigen? Wenn man sich nur in jedem Augenblick, wo ein Gedanke entsteht, wachsam befragt ‚In wem erhebt er sich?', kehrt der Geist zu seiner Quelle (dem Selbst) zurück, und auch der entstandene Gedanke löst sich auf. Wird dies häufig geübt, nimmt die Kraft des Geistes, in seiner Quelle zu verweilen, zu." (S. 76)

Ramana ist davon überzeugt, dass die von ihm vorgeschlagene Methode der Selbsterforschung im Unterschied zu anderen traditionellen Meditationen und spirituellen Übungen unmittelbar zum wahren Selbst führt. Warum? Weil hier das Subjekt-Objekt-Schema durchbrochen wird.

„Meditation (dhyana) braucht ein Objekt, über das man meditiert, während es bei Vichara nur ein Subjekt ohne Objekt gibt; darin liegt der Unterschied zur Meditation." (S. 69)

Die Frage „Wer bin Ich?" bezieht sich zwar zunächst auf ein Objekt, nämlich auf den Ich-Gedanken, das Ego. Doch sie will nichts über dieses persönliche Ich herausfinden, außer woher es kommt. Diese Quelle, das eigentliche Ziel, ist kein Objekt. Es ist das reine Bewusstsein, aus dem heraus erst der Ich-Gedanke, das Subjekt und seine Objekte entstehen. Wer die Frage „Wer bin ich?" zu Ende fragt, wird zur Stille gelangen. Er wird das Selbst *sein.*

„In dem Augenblick, wo Sie sich um das Selbst kümmern und tiefer und tiefer gehen, wartet dort das Selbst, um Sie aufzunehmen. Was immer dann getan wird, wird von etwas anderem getan, und Sie haben damit nichts zu tun. Bei diesem Prozess hören alle Zweifel und Diskussionen automatisch auf, so wie man im Tiefschlaf alle Sorgen vergisst." (S. 97)

KAPITEL 4

In den Körper spüren

Empfindungen wahrnehmen

Eine philosophische oder psychologische Art der Selbsterforschung, die mich ins Nachdenken oder gar existenzielle Zweifeln bringt, ist sicher nicht das, worauf Eckhart Tolle hinaus will. Statt etwa zu grübeln, warum ich mich immer wieder über bestimmte Menschen oder Situationen aufrege oder warum mein Selbstwertgefühl in manchen Bereichen besonders schwach ist, was wiederum zu weiteren Selbstverurteilungen führen kann, geht es vielmehr darum, aus dem Kreislauf der Gedanken auszubrechen, die Gedanken zu reduzieren oder am besten ganz zu stoppen. Zumindest für einen Moment, genauer: Für diesen Moment.

Die einfachste Frage, die mich aus den um mich selbst kreisenden Gedanken herausführt, lautet: Wie fühle ich mich gerade? Das gilt genau jetzt. Lesen ist bereits ein ganz guter Weg, um sich von nervenden Sorgen, Zweifeln oder Rachegedanken abzulenken. Die gelesenen Worte treten ja an die Stelle der „eigenen" Gedanken. Doch sogar beim Lesen kann ich zugleich in meine Hände hineinspüren. Fühlen sie sich warm an oder kalt? Fällt mir irgendeine Empfindung in meinem Körper auf? Kribbelt oder juckt es irgendwo? Empfinde ich einen Druck am Gesäß, falls ich sitze? Wie fühlt sich die Atemluft in der Nase an?

Ins Nichts hineinfühlen

Auch wenn also die Hinwendung der Aufmerksamkeit zu den Körperempfindungen ein enorm wirksames Mittel ist, um aus dem Kopf, aus dem unaufhaltsam scheinenden Gedankenstrom in die Gegenwart zu kommen, Eckhart Tolle geht noch sehr viel weiter und tiefer. Für ihn ist das Spüren in immer feinere Empfindungen, bis hinein in das so unauffällige Grundgefühl des Seins, der Schlüssel zum Selbst. Das kann leicht bestätigt werden. Jeder, der es mit Achtung vor der Stille und einer gewissen Beharrlichkeit übt, kann es wahrnehmen. Der „innere Körper" ist das Tor zur Freiheit, Grenzenlosigkeit und Seligkeit.

Dazu ist es hilfreich, sich zunächst einige Passagen aus Eckharts Buch „Jetzt" in Erinnerung zu rufen:

„Transformation findet *durch* den Körper statt, nicht von ihm weg. Deshalb hat kein wahrer Meister jemals das Kämpfen gegen den Körper oder das Verlassen des Körpers befürwortet, obwohl ihre kopfgesteuerten Anhänger es oft getan haben." (S. 139)

„Es hat auch nie mehr als einen Meister gegeben, der sich in vielen verschiedenen Formen manifestiert. Ich bin dieser Meister wie du auch, sobald du Zugang zur inneren Quelle hast. Und der Weg dahin führt durch den inneren Körper." (S. 140)

„Der Verstand hat den Kontakt zum Sein verloren, und als Beweis seines illusorischen Glaubens an Trennung und um seinen Zustand von Angst zu rechtfertigen, hat er den Körper erschaffen. Wende dich aber nicht von deinem Körper ab, denn in diesem Symbol für Unbeständigkeit, Begrenzung und Tod, das du als illusorische Schöpfung deines Verstandes wahrnimmst, ist die Herrlichkeit deiner wesentlichen und unsterblichen Wirklichkeit verborgen.

Durch den inneren Körper bist du untrennbar mit dem nicht manifesten Einen Leben verbunden – ohne Geburt, ohne Tod, ewig gegenwärtig. Durch den inneren Körper bist du für immer eins mit Gott." (S. 141)

„Wenn du deine Aufmerksamkeit so viel wie möglich im Körper hältst, dann bist du im Jetzt verankert. Du verlierst dich weder in der äußeren Welt noch in deinem Verstand. Gedanken und Gefühle, Ängste und Wünsche können dann zwar noch da sein, aber sie überwältigen dich nicht." (S. 142)

Eckhart unterscheidet offenbar zwischen dem normalen, für jeden sichtbaren Körper, der vergänglich ist, und einem nicht öffentlichen, inneren Körper. Dabei gibt es einerseits eine Art fließenden Übergang von einem Empfinden und Spüren, das jeder aus dem alltäglichen Leben kennt, bis hin zu einem sehr feinen Wahrnehmen, wo sich das Tor zu einer anderen, unbekannten Dimension zu öffnen scheint.

In der buddhistischen und der hinduistischen Tradition, die Eckhart sehr wohl bekannt sind, werden verschiedene Körper oder Energieebenen unterschieden. Der grobstoffliche, materielle Körper aus Fleisch und Blut, mit dem wir mehr oder weniger alle identifiziert sind, stellt gleichsam nur die äußere Hülle dar. Auch westliche Weisheitslehren gehen – im Gegensatz etwa zur materialistisch geprägten Schulmedizin – von einem unvergänglichen Kern des Menschen aus, einer Seele, die sich mit dem physischen Körper wie mit einem Gewand umgibt.

Die Koshas – Feinstoffliche Schichten

In der indischen Tradition werden drei „Körper" (sharira) beziehungsweise „Orte" (loka) unterschieden:

1. kausal/formlos/reines Gewahrsein (karana sharira, buddhistisch: arupa loka)
2. feinstofflich/übersinnlich/Chakras, Energiefelder (sukshma sharira beziehungsweise rupa loka)
3. grobstofflich/sinnlich/körperlich (sthula shavira, kamaloka)

Jede dieser Ebenen hat eine oder zwei Hüllen (koshas):
Die feinste Hülle, Anandamayakosha genannt, gehört zum subtilsten Körper. Ananda bedeutet Liebe und Glückseligkeit. Maya bedeutet hier zunächst einfach nur „gemacht aus“ (also „Hülle gemacht aus Liebe“. Maya wird oft mit Illusion oder Täuschung übersetzt. Besser wären Begriffe wie Getrenntheit und Veränderung; denn Maya ist alles, was sich verändert und was wir erfahren können). Die Seele (Atman) ist auf dieser Ebene im Zustand von Seligkeit. Doch sie befindet sich immer noch in einer Hülle, ist also begrenzt. Die Hülle der Wonne trennt sie vom allumfassenden Brahman. Zugleich gehen von dieser feinsten Ebene kausale Impulse aus, das heißt Veränderungen und Handlungen (Karma).

So bildet sich der nächste, der Astral-Körper, der karmisch bedingt und die Quelle von Freude und Leid ist. Diesem Körper werden verschiedene Geisteskräfte wie Unterscheidungsvermögen (Buddhi), Gemüt und Sinnesbewusstsein (Manas), Ich-Bewusstsein (Ahamkara) oder Reflexion (Antahkarana) zugeordnet. Er hat eine intellektuelle Hülle (Jnanamayakosha) und eine für die Sinneseindrücke (Manomayakosha). Erstere lässt uns unsere Erfahrungen zu einem Weltbild formen und hilft uns, dieses auch an der Wirklichkeit zu überprüfen. Die zweite Hülle dient der Orientierung und Ordnung. Wo bin ich? Wie fühle ich mich? Was geschieht gerade? Dabei wird allerdings auch bewertet: „Kein guter Ort, schlechte Energie…!“ Zur „Reinigung dieser Hülle“ wird das Beobachten der eigenen Gedanken und Gefühle empfohlen.

Zum dichtesten Körper der Seele gehören zwei Hüllen oder Schichten. Die feinere davon, Pranamayakosha genannt, umgibt den physischen Körper als elektromagnetisches Feld. Sie wird auch als Energiekörper bezeichnet. Von hier wirkt Prana, die Lebensenergie, unmittelbar auf unseren materiellen Körper. Er entspricht der fünften Hülle, Annamayakosha. Anna bedeutet Nahrung. Wir müssen essen und trinken, um zu überleben. Der Körper besteht aus umgewandelter Nahrung. [13]

13 Info: http://wiki.yoga-vidya.de/Kosha

Die fünf Seelenschichten (Koshas) können ganz unterschiedlich interpretiert werden. Sind sie Schutzschichten oder Energiefelder, die von einem Zentrum ausstrahlen und nach außen hin immer schwächer werden? Das ist keine rein theoretische Frage. Auf Schutz ist vor allem der auf das Überleben konditionierte Verstand bedacht. Er konzentriert sich darauf, den äußersten Schutzschild zu verstärken. Das entspricht in etwa der Vorstellung, dass wir durch die richtige Ernährung, Sport, Vorsicht, Rücksicht und Umsicht unser Leben verlängern können. Daran ist an sich nichts verkehrt. Doch wir sollten dabei auch fragen: Was genau schützen wir überhaupt? Uns selbst. Gut. Kennen wir die tieferen Schichten dieses Selbst? Und was können wir kontrollieren? Atem, Gedanken, Verdauung, Gefühle…?

Was ist, wenn wir versuchen, das Modell der Seelenschichten von innen her zu verstehen? Was tun wir nicht alles, um unseren (physischen) Körper zu erhalten. Er scheint das Wichtigste auf der Welt. Doch folgen wir dem Modell, liegt seine Existenz doch ganz und gar in den Händen Gottes, repräsentiert durch die tieferen Schichten. Was bedeutet das? Es bedeutet: Wir kümmern uns weiter um unseren Körper so gut wir können, wissen aber, dass wir in all unserem Bemühen Ausführende einer höheren Kraft sind. Nicht unser Wille und Denken rettet die Seele (atman), sondern immer ist es umgekehrt. Die Seele lässt uns wollen und denken.

Kommen wir jemals an sie heran? Das fragt der Verstand, von außen nach innen blinzelnd. Er sieht da nichts. Wir sind dieser Kern, Atman. So wenig wie ein Bach oder Fluss zu seiner Quelle zurückgelangen oder sie gar verändern kann, so wenig kann ich, dieses individuelle Bewusstsein, den eigenen Ursprung erkennen, kontrollieren, manipulieren oder schützen. In dieser Erkenntnis liegt eine unglaubliche Befreiung. Was immer ich unternehme, um einer Krankheit vorzubeugen oder entgegenzuwirken, ist bereits von einer höheren Intelligenz gesteuert. Ich kann gar nicht verlieren; denn ich bin die unsterbliche Seele, auch wenn ich sie nicht kenne. Darin liegt das Geheimnis von Vertrauen, Hingabe,

Liebe. Gott oder Atman entscheidet letztlich über Krankheit und Gesundheit, Ende und Neubeginn einer physischen Hülle – im unendlichen Raum des Lebens.

Auch wenn wir uns niedergeschlagen, grauenhaft oder am Ende fühlen: Im Innersten sind wir bereits immer Ananda, Glückseligkeit. Wie ist das möglich? Weil diese Wonne das Leben ist und alle Erfahrungen ermöglicht. Sie lässt auch Angst, Schmerz und Leid zu. Das heißt: Sie sind willkommen. Sie gehören zur großen Symphonie des Lebens. Ohne sie wäre das Glück möglicherweise schal und langweilig. Vielleicht sind sie das Salz in der Suppe?

Der Schmerzkörper

Um die unangenehmen Emotionen wirklich zulassen zu können, darf ich sie nicht verdrängen, sondern muss bereit sein, sie zu spüren. Die Theorie von den feinstofflichen Ebenen, dazu gehört auch das Energiesystem der Chakras, ist sicher gut und richtig. Sie ist nicht zuletzt über die Theosophie und Anthroposophie in die meisten heutigen alternativen Heilmethoden gelangt und kann so die immer noch einseitige Schulmedizin ergänzen. Doch solche Systeme können den Verstand auch dazu verleiten, von den tatsächlichen Empfindungen abzulenken und sich in „höhere Sphären“ zu versetzen.

Laut Eckhart Tolle ist der Verstand ja genau das, was alles daran setzt, um diesen Moment, jetzt, durch Gedanken und Emotionen zu verdecken und die Aufmerksamkeit in die Vergangenheit und die Zukunft zu lenken; denn nur so kann das Ego mit seiner Geschichte aufrechterhalten werden. Welche Emotionen haben mit meiner Vergangenheit zu tun? Was fällt mir da als Erstes ein?

Es ist bei jedem Menschen unterschiedlich. Manche leiden unter Schuldgefühlen, zum Beispiel weil sie bereits als Kind „schuld“ an einem Unglück oder Unfall waren – zumindest wurde ihnen das von Eltern oder Lehrern eingeredet. Andere sind voller Wut und Rachegedanken, fühlen sich seit eh und je ungerecht und schlecht behandelt. Etliche fühlen sich nicht wert, nicht gut genug für eine Aufgabe oder eine Beziehung. Vielleicht weil sie nie Anerkennung von den Eltern und den Lehrern bekamen, von Mitschülern und Kameraden gehänselt wurden oder in einer bestimmten peinlichen Situation nicht der Erwartung entsprachen. Diese Erfahrungen sind in unserem Gesamtsystem von Körper-Seele-Geist gespeichert. So gesehen wirkt die Vergangenheit fort, zum Beispiel durch ein unangenehmes Gefühl im Bauch. In diesem Zusammenhang spricht Tolle von einem „Schmerzkörper". Bei bestimmten äußeren Ereignissen wie etwa einer Bemerkung, die ich als spöttisch auf mich bezogen deute, wird das Gefühl der Kränkung aktiviert und meine Reaktion fällt viel heftiger aus, als es der Situation angemessen ist. Es ist das Festhalten an negativen Erfahrungen, was uns unglücklich macht, obwohl es in diesem Moment keinen Grund dafür gibt.

Eckhart Tolle beschreibt den Schmerzkörper (in Anlehnung an Barry Long) als ein gewissermaßen eigenständiges, dämonisches Wesen:

„Der Schmerzkörper ist ein halb autonomes Energiesystem, das in den meisten Menschen anzutreffen ist, ein Gebilde, das aus Emotionen besteht. Er besitzt eine eigene primitive Intelligenz, ähnlich einem listigen Tier, und diese Intelligenz dient überwiegend dem Überleben. Wie alle Lebensformen muss er regelmäßig Nahrung – neue Energie – zu sich nehmen, und das, womit er sich versorgt, ist Energie, die seiner eigenen entspricht, also eine ähnliche Wellenlänge hat. Jede emotional schmerzliche Erfahrung kann dem Schmerzkörper als Nahrung dienen. Darum blüht er auch bei negativen Gedanken und dramatischen Beziehungsproblemen auf. …Für den Schmerzkörper ist Schmerz ein Genuss. Er verschlingt eifrig jeden negativen Gedanken. Die Stimme, die für gewöhnlich in deinem Kopf erklingt, ist inzwischen zur Stimme des Schmerzkörpers geworden. Dieser kontrolliert jetzt den inneren Dialog. Ein Teufelskreis ist entstanden zwischen dem

Schmerzkörper und deinem Denken. Jeder Gedanke nährt den Schmerzkörper, und der Schmerzkörper seinerseits produziert neue düstere Gedanken. Irgendwann nach Stunden oder Tagen ist er satt und fällt wieder in seinen Schlaf zurück; er hinterlässt einen ausgelaugten Organismus.“ (Erde, S. 97 f)

Auch typische, auf die Zukunft bezogene negative Emotionen, allen voran die Angst, sind bedingt durch vergangene Erlebnisse. Neben der natürlichen Angst, die jedes Lebewesen in gefährlichen Situationen zum Schutz geradezu braucht, gibt es eine Angst, die durch die Sorge um das falsche Selbst entsteht. Auch diese Angst kennt wohl jeder. Was könnten die anderen von mir denken, wenn ich öffentlich sage, was ich wirklich gesehen habe oder was ich tatsächlich getan habe? Oder: Was geschieht mit mir nach dem Tod des Körpers? Bin ich noch da oder ist es endgültig vorbei mit „mir“, diesem mir vertrauten Ich? Diese Angst ist für uns Menschen womöglich die wichtigste und größte Herausforderung.

Über diese Ängste hinaus gibt es die Angststörungen, unter denen weltweit etwa 10% aller Menschen leiden und deswegen in therapeutischer Behandlung sind. Auf der Webseite der Akutklinik Urbachtal heißt es:

„Als Angststörungen bezeichnet man eine Gruppe psychischer Störungen, die ihre Gemeinsamkeit in einem übersteigerten Angstempfinden haben. Betroffene Menschen erleben ausgeprägte Angst und körperliche Angstsymptome, die i.d.R. so stark sind, dass sie das alltägliche Leben beeinträchtigen. In der Psychotherapie kommen Ressourcenarbeit sowie verhaltenstherapeutische und tiefenpsychologische Psychotherapieverfahren zur Anwendung. Körperorientierte Psychotherapie hat sich hier als besonders hilfreich erwiesen.

Symptome einer Angststörung können unter anderem Herzklopfen, Schwindel, Schweißausbruch, Mundtrockenheit, Beklemmungsgefühl, Brustschmerzen, auch Bewusstseinsstörungen, zum Beispiel das Gefühl, verrückt zu werden, das Gefühl, dass Dinge unwirklich sind oder man selbst „nicht richtig da“ ist. Dass man keine Kontrolle über die eigenen Gedanken hat, Angst zu sterben, allgemeines Vernichtungsgefühl. Jeder vierte Patient mit Angststörung klagt über chronische Schmerzen."[14]

Zudem gibt es noch die hier nicht erfassten speziellen Ängste wie Platzangst, Höhenangst, Angst vor Spinnen und andere. Die Angst gilt etlichen Psychologen und Philosophen als eine Art Grundempfindung der menschlichen Existenz. Die Frage ist: Was ist die Grundempfindung eines Menschen, der in Verbindung mit seiner wahren Natur lebt? Konkreter: Was ist meine Grundempfindung – jetzt? Wenn es Angst oder Wut oder Trauer oder Neid sind, kann ich da hindurchgelangen – gleichsam wie durch einen dunklen Tunnel – bis zum Licht am anderen Ende?

In jedem Fall kann die Transformation oder der Durchbruch immer nur *jetzt* geschehen und nie über den Verstand oder das falsche Ich, das an seiner Geschichte und seinem Schmerz festhält. Ein bewusstes Wahrnehmen dessen, was ist, schließt das Empfinden unangenehmer Emotionen („Störungen") ein, wenn sie da sind. Das bedeutet zum Beispiel, in einer stillen Meditation eine innere Unruhe, einen verkrampften Bauch, kreisende Gedanken, das Empfinden von Langeweile, Unlust oder Ungeduld „auszuhalten", möglichst nicht zu analysieren oder zu beurteilen sowie ebenfalls das Sich-einmischen des Verstandes zu beobachten. Das erfordert eine innere Bereitschaft, man könnte auch sagen Disziplin, sich den eigenen Schattenseiten zu stellen. In gewisser Weise ist also eine „Dunkle Nacht der Seele" zu durchleben.

Entscheidend ist die grundsätzliche Bereitschaft, so gut wie möglich den jeweiligen Augenblick mit allem, was er bringt, wahrzunehmen, um, wie Eckhart sagt, nicht ständig mehr Zeit anzuhäufen.

„Je mehr du fähig bist, das Jetzt anzuerkennen und zu akzeptieren, desto freier bist du von Schmerz und Leiden – frei vom Ego-Verstand… Warum verleugnet der Verstand gewöhnlich das

---

14 Quelle: https://www.akutklinik.de/indikationen/angststoerungen/?gclid=CMzCmJrc3M8CFSMW0wodO8kJQQ

Jetzt und leistet ihm Widerstand? Er kann ohne Zeit, ohne Vergangenheit und Zukunft nicht funktionieren und in Kontrolle bleiben und nimmt deshalb das zeitlose Jetzt als bedrohlich wahr. Zeit und Verstand sind in Wahrheit untrennbar. ...Wie hört man auf, Zeit zu erschaffen? Erkenne zutiefst, dass dein ganzes Leben sich im gegenwärtigen Moment abspielt. Stelle das Jetzt ins Zentrum deines Lebens. ... Sage immer „Ja" zum gegenwärtigen Moment." (Jetzt, S. 46f.)

Wenn ich bereit bin, den Schmerzkörper wahrzunehmen, löst er sich auf. Zum einen verliert er seine scheinbare Eigenständigkeit und Bedrohlichkeit, er erweist sich als das, was er im Grunde ist, nämlich als eine Illusion, eine Scheinentität; zum anderen geschieht eine alchemistische Verwandlung von negativen Emotionen (entsprechend einem wertlosen Metall wie Blei) in positive Gefühle der Liebe und Freude (= Gold). Die vormals abgetrennte, gefangene Lebensenergie wird frei und ins Ganze eingebunden.

Die gezielte Beobachtung innerer Vorgänge gilt in etlichen spirituellen Traditionen, besonders im Buddhismus, als eines der wirksamsten Werkzeuge der Transformation. Es handelt sich nicht um einen Glaubenssatz oder eine metaphysische Aussage, sondern um ein jederzeit überprüfbares Erfahrungswissen. Ich spüre ein unangenehmes Gefühl im Magen, eine Angst, Nervosität, ein Unbehagen, das ich am liebsten sofort los sein möchte, etwa durch einen Drink, eine Tablette, eine Tafel Schokolade, irgendeine Ablenkung. Stop! Ich bleibe still bei und mit der unangenehmen Empfindung, lasse mich innerlich da hineinsinken, nehme alles genau wahr, ohne eine sofortige Verbesserung zu erwarten. Bin ich einmal durch den ganzen Prozess gegangen und habe am eigenen Leib die Transformation erlebt, ist der Bann sehr wahrscheinlich gebrochen. Ich weiß jedenfalls, dass und wie es funktioniert.

Nun wird es immer leichter, in die feineren Ebenen der Empfindung zu spüren und schließlich das Mysterium zu erfahren, das Eckhart mit dem Begriff des „inneren Körpers" beschreibt.

Das Gefühl des Seins

In seinem Buch „Jetzt" hat Eckhart Tolle verschiedene „Portale und Zugänge zum Unmanifesten" – so die Überschrift zu Kapitel 7 – vorgestellt. Er schreibt:

„Das Jetzt kann als der Hauptzugang angesehen werden. Es ist ein essenzieller Aspekt aller anderen Portale, auch des inneren Körpers. Du kannst nicht in deinem Körper sein, ohne zugleich intensiv im Jetzt gegenwärtig zu sein." (Jetzt, S. 160)

„Es ist dir überlassen, ein Portal in deinem Leben zu öffnen, das dir einen bewussten Zugang zum Unmanifesten bietet. Schließe Kontakt mit dem Energiefeld des inneren Körpers, sei intensivst präsent, löse die Identifikation mit dem Verstand, gib dich hin an das, was ist; all diese Zugänge kannst du benutzen – doch einer ist genug." (Jetzt, S. 161)

Andere Zugänge sind der Energiestrom des Chi, der traumlose Schlaf, die Stille, der Raum, die Hingabe, der Tod. Doch im Grunde besteht keine Trennung zwischen diesen Wegen. Wie bereits Buddha sagte: Leere und Form sind eins. Eckhart Tolle beschreibt das so:

„Das Unmanifeste ist vom Manifesten nicht getrennt. Es durchdringt diese Welt, ist aber so gut verkleidet, dass fast jeder es völlig übersieht. Wenn du weißt, wo du hinschauen musst, dann findest du es überall. In jedem Moment öffnet sich ein Portal." (Jetzt, S. 145)

Ich kann in jedem Moment entweder auf die Welt der Dinge und Personen bezogen sein oder aber die Aufmerksamkeit auf das richten, was die Objekte überhaupt ermöglicht zu erscheinen. Die Geräusche, Laute, gesprochenen Worte, Musik kommen aus der Stille und sinken dorthin zurück. So wie auch diese Buchstaben einen Hintergrund brauchen, um bemerkbar zu sein. So ist es mit allem, was ich wahrnehme. Auch eine Empfindung wie ein körperlicher oder seelischer Schmerz tritt hervor aus einem Hintergrund von Sein, das ich als solches so gut wie nie bewusst wahrnehme. Doch genau dies ist es, worauf alles ankommt. Es ist eben gerade kein bestimmtes Objekt, das kommt und geht. Es ist immer hier und jetzt.

„Wenn du mit dem Unmanifesten in bewusster Verbindung bleibst, dann würdigst, liebst und achtest du das Manifeste zutiefst und achtest alles, was in ihm lebt, als Ausdruck des Einen Lebens jenseits der Form. Du weißt auch, dass jede Form sich wieder auflösen wird und letzten Endes nichts hier draußen so extrem wichtig ist. Dann hast du, um mit Jesus zu sprechen, „die Welt überwunden“ oder wie die Buddhisten es nennen: Du bist „zum jenseitigen Ufer hinübergegangen“. (Jetzt, S. 166)

KAPITEL 5

Liebe

Zölibat

Das Thema der Liebe zwischen Mann und Frau oder auch gleichgeschlechtlichen Partnern ist erstaunlicherweise in vielen spirituellen Traditionen geradezu ausgeklammert worden. Sicher nicht mangels Interesse. Es hat wohl eher damit zu tun, dass die Menschen sich schon früh in der Entwicklungsgeschichte nach einem Leben jenseits von Leid und Tod gesehnt haben. Doch wer hier auf Erden geboren wird, muss sterben. Die Geburt eines Kindes hat offensichtlich mit der körperlichen Liebe zwischen Mann und Frau zu tun. Könnte es sein, dass ich unsterblich werde, wenn ich meine Angst vor dem Tod überwinde und auch der Versuchung widerstehe, mich an einen Menschen zu binden? Immerhin würde ich damit die Natur überwinden, die mich dazu programmiert hat, meinen Körper zu schützen und für Nachkommen zu sorgen.

In Hinduismus, Buddhismus und Christentum galt und gilt für Mönche und Nonnen das Gebot des Zölibats. Kein Sex! Wenn es stimmt, dass die Suche nach Befreiung und Erlösung von einem begrenzten, vergänglichen Leben meinen vollständigen Einsatz erfordert, dann kann ich mir keine Liebe nebenbei leisten. Angenommen, ich bin ein Mönch oder eine Nonne und habe das Gelübde abgelegt, nur Gott zu dienen; doch da ist dieser unglaublich faszinierende Mensch an meiner Seite, zu dem ich mich unwiderstehlich hingezogen fühle. Um was zu tun?

Nun, das Szenario kann noch über viele Seiten zu einem Liebesroman ausgefaltet werden. Doch eigentlich kann jeder, der nicht gerade in einem Kloster lebt, sehen, dass hier etwas völlig schief liegt. Das können schon ein paar ganz einfache Fragen enthüllen:

Warum darf ich Gott nicht in einem anderen Menschen (außer Jesus) lieben?

Was sollte an der körperlichen Liebe so falsch sein, wenn sie doch von Gott oder der Natur eingerichtet wurde?

Was hinter diesem ganzen schrecklichen Irrtum der Religionen (und letztlich aller Ideologien) steckt, ist die Identifikation des Menschen mit seinem Körper und Verstand. Angst vor dem Tod und Gier nach einem besseren, unsterblichen Leben haben im Laufe der Jahrtausende Ansichten und Schriften von Mönchen und Gelehrten etabliert, die immer noch für viele Menschen verbindlich sind.

Abgesehen davon ist natürlich jeder Mann total genervt, wenn seine Frau ihn kurz vor seiner Erleuchtung daran erinnert, dass er mit dem Abwasch und Staubsaugen an der Reihe ist – und umgekehrt. Ich erwähne hier nur den Mann zuerst, weil er in den spirituellen Traditionen Indiens den Vorrang bei der Erleuchtung hat. Laut den Schriften kann eine Frau nur erwachen, wenn sie als Mann wiedergeboren wird.

Eckhart Tolle räumt mit diesem ganzen Unsinn auf. Er lebt seit über zwanzig Jahren mit seiner Lebenspartnerin Kim Eng zusammen und betitelt – gezielt gegen die Tradition – ein Unterkapitel in „Jetzt“ mit: „Warum Frauen der Erleuchtung näher sind“. Allerdings macht er keine Hoffnungen, dass eine romantische Liebe womöglich die Erlösung vom Ego und dem Unglücklichsein bedeute. Bestenfalls können Partner die Herausforderungen in ihrer Beziehung als „Sadhana“, als spirituelle Praxis nutzen, um die Gegenwärtigkeit zu vertiefen.

„Erwachte Beziehungen"

Wer kennt nicht diese Sehnsucht nach einer erfüllten Liebesbeziehung? Wenn ich erst einmal dem einen Menschen begegne, mit dem ich auf allen Ebenen in Einklang schwinge, der mich im tiefsten Inneren versteht, dem ich mich ganz hingeben kann, dann wird das Glück kein Ende mehr haben. Schon ist man in der Zukunftsfalle der Hoffnung gefangen. Genau wie der spirituelle Sucher, der von seiner Erleuchtung träumt.

Verliebtheit ist ein herrlicher Zustand, zweifellos. Es gibt auch Methoden, diesen Zustand möglichst lange aufrechtzuerhalten, wovon zum Beispiel der Biochemiker Bruce Lipton überzeugt ist.[15] Doch in keinem Fall läuft das über die Abhängigkeit von einem anderen Menschen. Es geht immer nur über die Selbstverantwortung dafür, wie ich mich fühle. Sonst handelt es sich um Sucht.

Bekanntlich währt das Glück einer Liebesbeziehung nicht ewig. Nach einiger Zeit kommt das eigene überdeckte Unglücklichsein wieder durch wie die dunkle Farbe an der Wand, die mit einem leuchtenden Weiß überstrichen wurde. Alles erscheint dann schlimmer als vorher.

„In einer Sekunde kann aus zärtlicher Liebe der brutalste Angriff, der entsetzlichste Kummer werden. Wo ist die Liebe geblieben? Kann sich Liebe in einem Moment in ihr Gegenteil verwandeln? War es dann überhaupt Liebe oder nur Abhängigkeit, Festhalten, Kleben?" (Jetzt, S. 178)

Das ist Eckharts berechtigte Frage. Zugleich gehören ja diese Begegnungen zwischen den Menschen ganz wesentlich zum Leben. Ihnen auszuweichen, wie es etliche sogenannte „Heilige" in der Wüste oder in den Höhlen des Himalaya versuchten, ist keine Lösung:

---

15 Bruce Lipton: Der Honeymoon Effekt. Liebe geht durch die Zellen. KOHA, Burgrain 2013

„Drei gescheiterte Beziehungen in der gleichen Anzahl von Jahren zwingen dich mit Sicherheit eher ins Erwachen als drei Jahre auf einer einsamen Insel oder im stillen Kämmerlein. Wenn du allerdings intensive Gegenwärtigkeit in dein Alleinsein einbringen kannst, wird das die gleiche Wirkung haben." (Jetzt, S. 163)

Im Prinzip gilt: Löse dich aus der Identifikation mit dem Verstand – und du bist frei. Es wird sich in jedem Fall positiv auf dein Leben auswirken, ob du nun in einer Beziehung bist oder nicht. Erhoffe von einer Beziehung – und sei sie gerade auch noch so erfüllend und „spirituell" – keine Erlösung vom Ego.

Die auf einen bestimmten Menschen bezogene Liebe ist begrenzt. Die wahre, göttliche Liebe kann ich nur in mir selbst, im tiefsten Grund des Seins, finden. Sie ist unabhängig von allen Formen und äußeren Bedingungen.

Als Eckhart Tolle sich auf die Beziehung zu seiner spirituellen Schülerin Kim einließ, galt er bereits als ein erwachter Meister. Von einer Liebesbeziehung vor seinem Erwachen oder auch in den Jahren danach ist mir nichts bekannt. Ich könnte mir vorstellen, dass in diesem Fall die Voraussetzungen etwas anders sind als in „nicht-erwachten" Partnerschaften. Das Kapitel in „Jetzt" hat wohl nicht zufällig die Überschrift „Erwachte Beziehungen". Hier, wie meistens im Buch, geht Eckhart auf Fragen seiner Schüler ein. Eine Frage lautet: „Können wir eine abhängige Beziehung in eine wahre Beziehung umwandeln?"

Eckhart antwortet: „Ja, sei gegenwärtig." Er verdeutlicht erneut, wie die Identifikation mit dem Verstand ständig neuen Schmerz und Drama schafft und dass der Schlüssel zu einer guten Beziehung das bedingungslose Annehmen seiner selbst und des Partners ist. „Das bringt dich sofort in einen Raum jenseits des Ego."

Er ergänzt:

„Liebe ist ein Seinszustand. Deine Liebe lebt nicht außen, sie lebt tief in deinem Inneren. Du kannst sie nie verlieren und sie kann dich nie verlassen. (...)

Was ist Gott? Das ewige Eine Leben hinter allen Formen, die das Leben annimmt. Was ist Liebe? Die Gegenwart dieses Lebens tief in dir und in allen Geschöpfen zu spüren. Es zu sein. Aus diesem Grunde ist alle Liebe die Liebe Gottes. " (Jetzt, S. 184)

Aus der erwachten Perspektive zeigt sich Eckhart gerade in der Beziehung zwischen Mann und Frau die Situation des menschlichen Bewusstseins in unserer Zeit.

„Wir Menschen stehen unter einem großen Druck, uns zu entwickeln, denn das ist die einzige Überlebenschance für uns Menschen als Gattung. Jeder Aspekt unseres Lebens ist davon betroffen, ganz besonders aber unsere Beziehungen. Noch nie zuvor sind Beziehungen so problematisch und konfliktgeladen gewesen wie jetzt." (Jetzt, S. 187)

So ist es besonders wichtig, dass jeder Einzelne in seiner Partnerschaft Verantwortung übernimmt:

„Halte dein Wissen über den jeweiligen Moment und besonders dein Wissen über deine innere Befindlichkeit immerwährend fühlend aufrecht. Wenn Wut da ist, *wisse,* dass sie da ist. Wenn Eifersucht, Abwehr, Streitsucht, Rechthaberei, ein inneres Kind, das Liebe und Aufmerksamkeit fordert, oder irgendein emotionaler Schmerz da sind – was immer es ist, *erkenne* die Wahrheit des Moments und verweile in der Erkenntnis. Dann wird aus der Beziehung dein *Sadhana,* deine spirituelle Praxis." (Jetzt, S. 188)

„Wenn du versuchst, durch eine Beziehung Erlösung zu finden, dann wirst du wieder und wieder enttäuscht werden. Wenn du aber akzeptierst, dass Beziehungen da sind, um dich *bewusst* zu machen statt glücklich, dann wird deine Beziehung dir Erlösung bieten und du wirst mit dem höheren Bewusstsein in Einklang kommen, das in diese Welt geboren werden möchte." (Jetzt, S. 189)

Körperliche Liebe

Bis hier sind die Aspekte zum Thema Liebe in Beziehungen dargestellt, auf die Eckhart Tolle in seinen Antworten im Buch „Jetzt“ eingeht. Seine Sicht ist in sich stimmig und rund. Die Gegenwärtigkeit und Bewusstheit im Jetzt umfasst alle Bereiche des Lebens, und die menschliche Liebe ist einer davon. Im Moment präsent zu sein, ist in einer Partnerschaft ebenso wichtig wie in einer Gruppe oder allein und macht stets den wesentlichen Unterschied, auf den es Eckhart ankommt.

Allerdings finde ich es bemerkenswert, dass er auf die körperliche Liebe und Sexualität kaum eingeht, obwohl sie doch eine zentrale Rolle in jeder Liebesbeziehung zwischen Erwachsenen spielt. So offensichtlich das gesamte Konzept des Schmerzkörpers von Barry Long stammt, so offensichtlich fehlt das viel bekannter gewordene Konzept über das „Richtige Liebemachen“, das Barry Long bereits in den Achtzigerjahren entwickelte und das Eckhart bekannt gewesen sein muss.

Gerade in der körperlichen Vereinigung ist es besonders herausfordernd und zugleich beglückend, so präsent wie möglich zu sein; denn der starke Drang hin zu einem Höhepunkt scheint ein bewusstes Verweilen im Moment fast unmöglich zu machen. Auch darin liegt ein Schlüssel zur Transformation, mit dem sich speziell die tantrisch-alchemistischen Traditionen in Indien, Tibet und China befasst haben.

Wenn ich hier einige der Anleitungen, die Barry Long seinerzeit in seinen Hörkassetten und in einem Buch gab, kurz skizziere, dann sehe ich darin keine Verzerrung oder Ablenkung von Eckhart Tolles Lehre, sondern eine sinnvolle Ergänzung, die das Thema Liebe und Beziehung bereichert und der Sache dient. Es soll auch nicht bedeuten, dass „richtig Liebemachen“ zum Erwachen führt.

Barry Long unterschied zwischen Sex und Liebe. Das unterscheidende Merkmal ist: Liebe geschieht beziehungsweise „wird gemacht“ ohne Emotionen, Fantasien und Gedanken. Sex dagegen ist eine Sache im Kopf:

„Der Mann muss lernen zu lieben, ohne sexuell selbstsüchtig zu sein. In dem Maße wie er lernt, die Frau zu lieben oder sie zu genießen, ohne einen Orgasmus zu benötigen, um seine Sexualität freizusetzen, beginnt er, sie richtig zu lieben. Er erfreut sie und erfreut sich an ihr lieber als darauf auszugehen, sie und sich selbst zu erregen. Der Mann lernt, auf diese Weise richtig zu lieben, indem er sein normales sexuelles Erregungsniveau verringert. Und das tut er, indem er auf sexuelle Phantasien verzichtet.

Es ist möglich, über Sex zu phantasieren, nicht aber über Liebe. In der Liebe wird das stille Bild des Geliebten im Bewusstsein gehalten. Keine Bewegung, kein Denken, nur die energetische Präsenz der Liebe. Wenn die Phantasien die Kontrolle übernehmen und erotische Filme ihr Eigenleben entwickeln, wird die Liebe zugunsten der vom Mann verursachten Sexshop-Mentalität verraten.“ [16]

Dies ist ein kurzer Auszug aus den zum Teil ungewöhnlich konkreten Anleitungen zur bewussten Sexualität von Barry Long. Hier geht es um die Verbindung zu Eckhart Tolles Ansatz. In „Jetzt“ deutet er einen Zusammenhang zwischen der Gesamtsituation der Menschheit und der Beziehung zwischen Mann und Frau an:

„Dies ist eine Zeit, in welcher der Ego-Modus des Bewusstseins und all die sozialen, politischen und ökonomischen Strukturen, die von ihm erschaffen wurden, in das letzte Stadium des Zusammenbruchs eintreten. Die Beziehungen zwischen Männern und Frauen spiegeln den tiefen Krisenzustand wider, in dem die Menschheit sich nun befindet.“ (Jetzt, S. 186)

Frauen sind dem Erwachen näher als Männer, unmittelbarer mit dem Sein verbunden, weil sie weniger „im Kopf sind“. In den vergangenen Jahrtausenden wurde die Geschichte von Männern beherrscht. Sie bauten mit ihrem Verstand die Welt, in der wir heute leben (müssen).

16 Barry Long: Sexuelle Liebe auf göttliche Weise. (12. Aufl. 2009), MB-Verlag, S. 98

„Als der Verstand die Oberhand gewann und die Menschen die Verbindung mit der Wirklichkeit ihrer göttlichen Essenz verloren, begannen sie, sich Gott als eine männliche Figur vorzustellen. Die Gesellschaft kam unter männliche Herrschaft und das Weibliche wurde dem Männlichen untergeordnet." (Jetzt, S. 195)

Das ist mittlerweile eine allgemein akzeptierte Einschätzung. Vor etwa 5000 Jahren verehrten die Menschen die Göttin und lebten in einem Matriarchat. In den Hochkulturen übernahmen dann die Männer, Könige und Priester die Herrschaft. Es häufen sich in jüngster Zeit Zeichen einer großen Wandlung, die das Ende des Patriarchats und womöglich auch der Herrschaft des Ego-Verstandes ankündigen.

Barry Long hat das auf seine radikale Weise an der Beziehung zwischen Mann und Frau festgemacht: „Ursache des meisten Unglücks auf der Welt ist, dass Männer und Frauen tatsächlich vergessen haben, wie man körperlich liebt. Das ist die größte Tragödie aller Zeiten." (Long, S. 14)

Zunächst beschreibt er einen Mythos: Bevor die Menschen begannen, über ihren Tod und ihre Zukunft nachzudenken, lebten sie in der Gegenwart. Mann und Frau brauchten keine Worte, um zu kommunizieren. Sie fühlten sich innerlich als Einheit verbunden.

„Ihr körperliches Lieben war ekstatisch. Die so erzeugte göttliche Energie war so mächtig, dass die Lichtkreise ihrer Körper nach dem Liebesakt mit unglaublicher Pracht leuchteten. Dieser aus sich selbst leuchtende Schein spiritueller Liebe, der in beiden durch körperliche Vereinigung erzeugt wurde, war der Ausdruck ihrer göttlichen irdischen Natur. Denn am Beginn der Zeit waren Männer und Frauen Götter, und sie erhielten die Bewusstheit und Präsenz ihrer Göttlichkeit, ihre Zeitlosigkeit, aufrecht, indem sie sich göttlich körperlich liebten." [17]

Dieser Mythos soll nicht in ein vergangenes „Goldenes Zeitalter" zurückführen. Er will auf etwas hinweisen, das jetzt jederzeit

17 Barry Long: *Sexuelle Liebe auf göttliche Weise.* S. 23f

möglich ist. Zunächst erweckt er vielleicht eine Sehnsucht in mir. Könnte ich mich tatsächlich mit dem geliebten Menschen so vereinen? Keine Enttäuschungen, keine Eifersucht, keine Dramen, keine Routine? Stattdessen Steigerung der Energie, Seligkeit, Wonne, Liebe? Wer sehnt sich nicht danach?

Wir erleben die Welt in Gegensätzen: Tag und Nacht, gut und böse, richtig und falsch. Doch in all ihren menschlichen Tiefen und Höhen erfahren wir die Dualität am unmittelbarsten in der Liebesbeziehung zwischen Mann und Frau. Im Mythos gesagt: „Als die einzigen beiden bewussten physischen Pole der Liebe erhellten sie sich gegenseitig. Er erweckte ihre Liebe zu neuem Leben, während sie seine Liebe und Autorität erneuerte." (Long, S. 24)

Wenn die Gedanken und Emotionen für einen zeitlosen Moment verschwunden sind, erscheint der Partner nicht mehr als die allzu bekannte Person mit all ihren voraussagbaren Reaktionen, sondern als die Göttin, als der Gott. Wir werden zum zeitlosen Urbild des göttlichen Liebespaares: Shiva und Shakti.

Jede alte Kultur hat ihren Mythos von der ursprünglichen Einheit zwischen Mann und Frau. Irgendetwas – die Schlange, der Teufel, der Verstand, das Ego – führte zur Zweiheit und Trennung. Zur Vertreibung aus dem Paradies. Zu Missverständnissen, Schuld, Scham, Kampf. Die ursprüngliche göttliche Einheit ist immer hier, jetzt. Doch wir erleben sie so selten, weil sie überlagert ist von vielen emotionalen Schichten. Ausgerechnet in den intimsten Momenten kommt das Bild des früheren Geliebten hoch. „Warum hat er mich nur so verletzt?" Auch wenn ich mir ganz fest vornehme, den jetzigen Partner unvoreingenommen zu lieben und ganz im Moment zu sein. Die Emotionen spielen ihr eigenes Spiel.

Das Thema der körperlichen Liebe ist hiermit natürlich nicht ausgeschöpft. Doch vorerst abschließend möchte ich die Theologin und Friedensforscherin Sabine Lichtenfels zitieren. Sie lässt die „Göttin" über weibliche Sexualität sprechen:

„Als ich merkte, dass der Mann mich immer noch floh in meiner fraulichen, sexuellen Natur, als er merkte, dass er mich weder besitzen konnte noch mir einfach entfliehen, da entstand der Geist der Rache, in ihm und in mir. Ganze Kulturen gingen auf und zerbrachen unter größten Grausamkeiten an dieser nie zu Ende geführten Geburt, der Geburt der sexuellen Liebe zwischen Mann und Frau.. Ich bin Sex pur. Ich lebe weniger in der Phantasie als in der zellulären Unmittelbarkeit. Ich weiß, dass alles andere Verschleierungen und Tarnungen sind, die aus der Geschichte kommen. Und ich lasse es nicht mehr zu, dass ich damit identifiziert werde. Mein Leib ist es, der nach dieser Erlösung ruft, dass der Mann mich erkennt in meiner wahren Natur.“ [18]

Offenheit

Barry Long spricht in Partnerschaften von „intelligentem Gespräch“. Schon während des ersten Verliebtseins können Spannungen zwischen den Partnern hochkommen, und je länger die Beziehung dauert, desto wichtiger wird das offene Gespräch. Es gilt sich tiefer mit der Sache, mit sich selbst und mit dem Partner auseinanderzusetzen.

Diese drei Faktoren: Die Situation, ich und der andere, sind in der bewusst erlebten Gegenwart zwar eins, werden jedoch fast immer über die Vergangenheit und die persönliche Geschichte betrachtet und problematisiert. Jedes Streitgespräch bezieht sich irgendwie auf die Vergangenheit: „Du hast damals…!“ Das führt zu nichts. Auch nach fünfzigjähriger Ehe nicht. Es geht darum, die Vergangenheit abzuschneiden und sich auf die aktuelle Situation zu konzentrieren. Das ist nicht leicht, denn etwas unangenehm Störrisches in uns will immer Recht behalten.

---

18 Sabine Lichtenfels: *Weiche Macht. Perspektiven eines neuen Frauenbewußtseins und einer neuen Liebe zu den Männern.* Verlag Berghoff and friends, S. 137 ff.

Der erste, entscheidende und schwierigste Schritt ist deshalb in jeder Beziehung, einzulenken, die eigene Position wenigstens für einen Moment beiseite zu lassen, dem anderen und sich selbst so offen wie möglich zuzuhören. Ein Schlüssel dazu liegt in der einfachen Frage an den Partner: „Was sollte ich deiner Meinung nach tun, um die Situation zu ändern?“ Diese Frage signalisiert zunächst einmal meine Bereitschaft, auf das Problem und das Anliegen des anderen überhaupt einzugehen. Was ich dann entscheide und tue, steht auf einem anderen Blatt.

Die meisten Beziehungsprobleme und Streitereien entstehen durch die unterschiedlichen Gewohnheiten. Pünktlichkeit-Unpünktlichkeit, Frühaufsteher-Langschläfer, Nichtraucher-Raucher, Weintrinker-Abstinenzler und viele mehr. Es geht immer wieder darum, dass der eine zugunsten des anderen seine Gewohnheiten ändern soll; und dieser Kampf zieht sich oft über Jahrzehnte bis zum Ende hin.

Können wir im Zusammensein und über das offene Gespräch lernen, uns selbst und uns gegenseitig so zu akzeptieren, wie wir nun einmal sind, mit all den „dummen“ Gewohnheiten? Das wäre ein gewaltiger Schritt in Richtung Liebe. Doch tatsächlich geschieht das, wenn überhaupt, in einzelnen, kleinen Schritten. Was uns angewöhnt wurde und wir uns angewöhnt haben, unsere Vorlieben und Abneigungen, das alles wird uns eines Tages durch den Tod genommen. Wir werden wieder nackt und arm an Gewohnheiten und Vorstellungen sein wie bei der Geburt. Je eher wir im Zusammenleben mit unserem Partner jeden kleinlichen Widerstand und Eigensinn fallen und fahren lassen können, desto besser.

Doch geben wir dabei nicht unsere Würde und Freiheit als Mensch auf? Nur wenn wir diese Qualitäten über Gewohnheiten definieren – die wären wir im Grunde doch gerne los. Die Sache ist vielschichtig und zugleich einfach. Wir wissen ganz genau, ob uns eine Partnerschaft in unserem Wesen unterdrückt oder befreit. Dieses Thema sollte daher immer wieder angesprochen werden.

Wenn der Partner fragt: „Bist du glücklich bei mir?", lautet die mindestens ebenso wichtige Frage an die Stimme des Herzens:

„Bin ich glücklich mit dir?" Beides zusammen entsteht aus der Grundfrage: „Bin ich glücklich mit mir?"

Das Hohelied der Liebe

Es gibt bei Eckhart Tolle immer wieder in seinen Vorträgen und Antworten auf Fragen Hinweise auf die Bedeutung der Liebe als etwas Unbegreifliches, Göttliches, Überwältigendes. Sie hat kein Gegenteil, ist also jenseits der Polarität oder Dualität. Auf die Frage, ob Liebe auch zu den Portalen oder Zugängen gehöre, die zum Erwachen führen, antwortet Eckhart:

„Nein, sie gehört nicht dazu. Sobald eins der Portale sich öffnet, ist Liebe in dir als „fühlende Einsicht" des Einsseins anwesend. Liebe ist kein Portal; sie ist das, was *durch* das Portal hindurch in die Welt kommt. Solange du völlig in deiner Form-Identität gefangen bist, kann es keine Liebe geben. Deine Aufgabe ist es nicht, nach der Liebe zu suchen, sondern ein Portal zu finden, einen Zugang, durch den die Liebe eintreten kann." (Jetzt, S. 162)

Liebe ist wie Bewusstsein und Erwachen überpersönlich, grenzenlos. Sie kann nicht angestrebt und erreicht werden wie irgendein bestimmtes Gefühl oder ein erweiterter Bewusstseinszustand, der sich durch LSD oder Ecstasy chemisch induzieren lässt. Zugleich ist sie Thema von Dichtern und Sängern aller Zeiten.

„Liebe ist". So lautet der Titel eines Hits der deutschen Sängerin Nena. Er lässt jede Beschreibung aus, ja weist in sich darauf hin, dass keine Definition nötig oder möglich ist. Doch natürlich werden Eigenschaften genannt. Wie im berühmten Vorbild, dem Brief von Paulus an die Korinther. Nenas Text ist wie eine zeitgemäße Kurzfassung:

„Liebe will nicht,
Liebe kämpft nicht,
Liebe wird nicht,
Liebe ist.
Liebe sucht nicht,
Liebe fragt nicht,
Liebe ist, so wie du bist.“

Liebe ist …herrlich? Friedlich? Nein. Liebe ist. Punkt. Das ist wunderbar. Das lässt sie offen sein. Nicht zerquetscht von allen nur möglichen Definitionen, wofür sie gut sein könnte: Für den Menschen, Gott, die Gesellschaft, Wirtschaft, die Familie. Zugleich sagen die zwei Worte: Ja, es gibt die Liebe wirklich.

Liebe schwingt in allen Lebensbereichen wie ein Grundton. Vielleicht ist deshalb gerade die Musik so gut geeignet, das Wesen der Liebe zum Ausdruck zu bringen. Zumindest das, was immer wieder als das „Unbeschreibliche“, „Mystische“, „Unerklärliche“ in der Liebe bezeichnet wird, eine tiefe Sehnsucht nach Auflösung und Erfüllung, nach Vereinigung, nach Verschmelzung in der Einheit.

Im Judentum kann man das König Salomon zugeschriebene *Hohelied der Liebe* als zentralen Text betrachten. Da besingt ein Hirtenmädchen die Schönheit ihres Geliebten. Diese sinnliche Liebespoesie griffen Mystikerinnen wie Mechthild von Magdeburg im Mittelalter wieder auf, um ihre Vereinigung mit dem Göttlichen zu beschreiben.

Mechthild von Magdeburg (1207-1282) und Theresa von Avila (1515-1582) brachten ihre mystischen Erfahrungen in einer poetischen Sprache zum Ausdruck, die stark an die erotischen Verse aus Salomons Hohelied erinnert. Mit abgehobener Theologie und der sonstigen Körperfeindlichkeit in der kirchlichen Tradition hat das nichts zu tun. In ihrem Hauptwerk: „Das fließende Licht der Gottheit“ (FLG) – es gilt als erstes Zeugnis der Mystik in deutscher Sprache – schreibt Mechthild:

„Die Braut ward trunken beim Anblick des edlen Antlitzes.
In der größten Stärke kommt sie sich selbst abhanden.
Im schönsten Licht ist sie blind in sich selbst.
In der größten Blindheit sieht sie am allerklarsten.
In der größten Klarheit ist sie beides, tot und lebendig. (…) Je enger das Minnebett wird, umso inniger wird die Umarmung.
Je süßer das Mundküssen, umso inniger das Anschauen.
Je schmerzlicher sie scheiden, umso reichlicher gewährt er ihr.
Je mehr sie verzehrt, um so mehr hat sie.
Je demütiger sie Abschied nimmt, um so eher kommt er wieder.
Je heißer sie bleibt, umso rascher schlägt sie Funken.
Je mehr sie brennt, umso schöner leuchtet sie.
Je mehr sich Gottes Lob verbreitet, umso größer bleibt ihr Verlangen.“ [19]

Gut dreihundert Jahre später schreibt Theresa von Avila ebenso leidenschaftlich:
„Was soll man sich wünschen,
außer zu lieben und noch mehr zu lieben?
Und ganz in Liebe entbrannt
wieder und wieder zu lieben?
Deine ganze Liebe will ich, mein Gott
meiner Seele sollst Du gehören,
ein weiches Nest will ich bauen,
dort, wo es am schönsten ist. [20]

Diese beiden bedeutenden Mystikerinnen besingen ihre Ekstase. Doch es sind keine sexuellen Phantasien von Bräuten, die in Jesus ein Ideal oder einen Ersatzmann suchen, sondern vielmehr

19 Mechthild von Magdeburg: Das fließende Licht der Gottheit. 2., neubearbeitete Übersetzung mit Einführung und Kommentar von Margot Schmidt. Stuttgart-Bad Cannstatt, Frommann-Holzboog, 1995

20 Theresa von Avila, Lieder und Gedichte, aus dem Spanischen von Sabine Mugil, Quelle: http://www.rpi-virtuell.net/workspace/users//1029/X-I.Archiv/T11.Coloquio_amoroso.htm

ganzheitliche, eben auch auf der leiblichen Ebene empfundene Erfahrungen der Einheit. Der unendliche Bewusstseinsraum wird als „Gott“ umschrieben und nicht unmittelbar mit Jesus in Verbindung gebracht. Das ist womöglich ein Kennzeichen von Mystik in allen Religionen: Wenn überhaupt, kann nur das höchste und umfassendste Prinzip die „Unio Mystica“ erfassen. Doch zugleich kommt hier eben eine zutiefst weibliche Perspektive zum Vorschein, die mit körperlicher Wonne einhergeht.

Im Christentum ist der Brief des Paulus an die Korinther von großer Wirkung. Er endet mit den berühmten Worten: „Nun aber bleiben Glaube, Hoffnung, Liebe, diese drei; aber die Liebe ist die größte unter ihnen.“ In einem Zwischenteil heißt es:

„Die Liebe ist langmütig und freundlich, die Liebe eifert nicht, die Liebe treibt nicht Mutwillen, sie bläht sich nicht auf, sie verhält sich nicht ungehörig, sie sucht nicht das Ihre, sie lässt sich nicht erbittern, sie rechnet das Böse nicht zu, sie freut sich nicht über die Ungerechtigkeit, sie freut sich aber an der Wahrheit; sie erträgt alles, sie glaubt alles, sie hofft alles, sie duldet alles.“

Hier werden die Eigenschaften nicht einer einzelnen Person oder bestimmten Individuen zugeschrieben – was der damals wie heute allgemein anerkannten Logik des Aristoteles entspräche –, sondern der Liebe selbst, einem abstrakten Begriff, einer nicht greifbaren Qualität, von den mittelalterlichen Philosophen und Theologen als „Universale“ bezeichnet.

Wenn die Liebe selbst das eigentlich Handelnde ist und nicht der einzelne Mensch als Person, dann hat das weitreichende Konsequenzen. Eigentlich kann man den Mitmenschen und sich selbst nicht mehr dafür loben oder verurteilen, wie viel oder wie wenig Liebe in die Welt gebracht wird. Die Liebe steht für sich selbst. Sie ist nicht an Raum und Zeit gebunden. Doch sie ist auch das Subjekt. Der Mensch kann sich selbst in seinem Wesen als Liebe erkennen. „Ich bin in Wahrheit selbst die Liebe!“ Das muss nicht in einem bestimmten Verhalten bewiesen werden. Damit würde die Person die Liebe ja gleichsam für sich vereinnahmen und an sich reißen, was überpersönlich ist. Gerade weil sich die Gemeinde der Korinther in eine falsche Richtung bewegt, nämlich dahin, ein spirituelles Ego zu kultivieren, löst Paulus die Qualitäten der Liebe ganz von allem Individuellen und jeglichem persönlichen Verdienst. Das reicht an die Lehre Buddhas heran.[21]

Als mystischer Kern des Islam gilt der Sufismus, und in ihm wird vor allem die Liebeslyrik von Rumi hochgeschätzt.

Die Klage der Ney

„Höre auf die Geschichte der Rohrflöte,
wie sie sich über die Trennung beklagt:
‚Seit ich aus dem Röhricht geschnitten wurde,
hat meine Klage Mann und Frau zum Weinen gebracht.
Ich suche nach einer von der Trennung zerrissenen Brust,
der ich meinen Sehnsuchtsschmerz enthüllen kann.
Jeder, der weit von seinem Ursprung entfernt ist,
sehnt sich danach, wieder mit ihm vereint zu sein.
Vor jeder Gruppe in der Welt habe ich meine klagenden Noten gespielt, vor Unglücklichen und Frohen.
Jeder hat sich für meinen Freund gehalten,
keiner hat meine inneren Geheimnisse gesucht.
Mein Geheimnis ist nicht weit von meiner Klage entfernt,
doch es fehlt dem Auge und dem Ohr an Licht.
Der Körper wird nicht von der Seele verhüllt, die Seele nicht vom Körper, doch niemand darf die Seele sehen.
Diese Töne der Rohrflöte sind nicht aus Wind, sondern aus Feuer;
wehe dem, der dieses Feuer nicht besitzt‘. (…)“[22]

---

21 Vgl. Christian Salvesen: Liebe – das Herz aller Weltreligionen. O. W. Barth, München 2008.

22 Rumi „Mathnawi“, Quelle: http://www.rumi-buch.privat.t-online.de

Dies ist der Anfang von Rumis größtem Lehrgedicht, dem Mathnawi. Jeder Mensch spürt von Kindesalter an tief in sich eine Art Getrenntheit von allem. Das Schilfrohr, abgeschnitten von seinem Lebensboden und seinen Artgenossen, ist dafür ein Symbol. Es wird ausgerechnet zu einem Instrument der Seele, zu einer Flöte. Vom Ganzen scheinbar getrennt, sind wir doch zugleich wie ein Musikinstrument, auf dem die Melodie des Lebens erklingt.

Betrachten wir noch ein letztes Zeugnis für das, was unter Liebe verstanden werden kann. Das Herz-Sutra, auch Eckhart Tolle wohl bekannt, spricht von einer universalen Liebe, die über die Beziehung und die Unterschiede von Mann und Frau weit hinausgeht. Es trägt nicht zufällig den Namen „Herz-Sutra". Wer die Weisheit in diesen Zeilen innerlich nachvollziehen kann, ist unter allen Umständen mit dem bewusst verbunden, was Eckhart auch Sein, Göttlichkeit oder Transzendenz nennt. Der Bodhisattva Avalokiteshvara lehrte:

„Das Körperliche ist leer, Leerheit ist das Körperliche; Leerheit ist nichts anderes als das Körperliche, und das Körperliche ist auch nichts anderes als Leerheit. Ebenso sind auch Empfindung, Unterscheidung, Gestaltende Faktoren und Bewusstsein leer.

In dieser Weise, Shariputra, sind alle Phänomene leer: Sie haben keine Wesensmerkmale, sie sind ohne Entstehen und ohne Vergehen. Sie sind ohne Befleckungen, sie sind nicht frei von Befleckungen; sie sind ohne Abnahme und ohne Zunahme.

Aus diesem Grund, Shariputra, gibt es in der Leerheit keinen Körper, keine Empfindung, keine Unterscheidung, keine Gestaltenden Faktoren und kein Bewusstsein. Es gibt keine Augen, keine Ohren, keine Nase, keine Zunge, keinen Körper und keinen Geist. Es gibt nichts Sichtbares, keine Töne, keine Gerüche, keine Geschmäcke, nichts Tastbares und keine Phänomene. Es gibt auch keine Elemente: weder die Elemente des Sichtbaren noch die Elemente des Geistes, bis hin zu den Elementen des geistigen Bewusstseins. Es gibt weder Unwissenheit noch Aufhören der Unwissenheit, bis dahin, dass es weder Alter und Tod noch Aufhören von Alter und Tod gibt. Ebenso gibt es kein Leid, keinen Ursprung, keine Beendigung, keinen Pfad, keine ursprüngliche Weisheit, kein Erlangen und kein Nichterlangen.

Deshalb, Shariputra, weil die Bodhisattvas ohne Erlangen sind, stützen sie sich auf die Vollkommenheit der Weisheit und verweilen darin, und ihr Geist ist ohne Hindernisse und daher ohne Furcht. Indem sie alle Fehler völlig überwinden, gelangen sie zur Vollendung, dem Nirvana. Auch alle Buddhas, die in den drei Zeiten verweilen, erwachten voll und ganz zu der unübertroffenen, einwandfreien und vollständigen Erleuchtung, indem sie sich auf die Vollkommenheit der Weisheit stützten.

Daher ist das Mantra der Vollkommenheit der Weisheit das Mantra der großen Erkenntnis, das unübertroffene Mantra, das Mantra, das dem Unvergleichlichen gleicht, das Mantra, das alle Leiden völlig beendet. Weil es untrügerisch ist, erkenne es als wahr. So wird das Mantra der Vollkommenheit der Weisheit gesprochen:

Tadyathas om gate gate paragate parasamgate bodhi svaha."[23]

So schwierig das Herz-Sutra scheint – intellektuell ist es eigentlich gar nicht zu verstehen – so erleichternd, geradezu erheiternd ist seine Wirkung, wenn es richtig „ankommt".

Es gibt nichts zu fürchten, nichts zu sorgen. Das Leben ist ewig und zugleich wie ein Traum. Wir sind als Personen leer, nicht wirklich, und zugleich können wir aus dieser Erkenntnis heraus natürliches Mitgefühl für alle Lebewesen empfinden. Dabei geht es einerseits schon darum, wie der Dalai Lama oft betont, das Streben aller Wesen nach Glück und Frieden zu unterstützen, andererseits aber auch darum zu zeigen, dass dieses angestrebte Glück letztlich nicht in der Welt und in der bedingten Entstehung zu finden ist, sondern dass der Mensch darüber hinausgehen muss.

23 Dalai Lama: Der buddhistische Weg zum Glück. Das Herz-Sutra. O. W. Barth/S. Fischer Verlag, Frankfurt a. M., 2004, S. 69-71.

KAPITEL 6

Eine neue Erde

Eckhart Tolles Buch „Eine neue Erde – Bewusstseinssprung anstelle von Selbstzerstörung" gilt als sein Hauptwerk nach dem Bestseller „Jetzt". Etliche Leser bekunden, dass sie es für ausgereifter, verständlicher und tiefgehender halten als das erste Buch. Das Buch „Leben im Jetzt" – in Deutschland zeitlich zwischen „Jetzt" und „Neue Erde" herausgekommen, ist als Praxisbuch zu „Jetzt" gedacht und wird auch als solches verstanden.

„Eine neue Erde" bringt zwar keine wesentlich neuen Gedanken gegenüber den vorangegangenen Büchern, erscheint allerdings konzentrierter und setzt andere Akzente. Statt die Frage-Antwort-Form zu verwenden, entwickelt der Autor konsequent seine Lehre, und zwar wieder sehr einfach, überzeugend, eindringlich, präzise und darüber hinaus durchaus poetisch.

Das Buch führt durch die verschiedenen Schichten, Auswüchse und Strukturen des individuellen und kollektiven Egos bis zum Erwachen, das die Qualität der „Neuen Erde" ausmacht.

„Unglücklichkeit und Negativität sind eine Krankheit, die auf unserer Erde grassiert. Was die Umweltverschmutzung für die Außenwelt, ist die Negativität für die Innenwelt. Sie ist überall, nicht nur dort, wo die Menschen Mangel leiden, sondern vor allem dort, wo sie mehr als genug haben. Ist das ein Wunder? Nein. Die Überflussgesellschaften identifizieren sich noch stärker als andere mit der Form, verlieren sich noch mehr im Inhalt, sind noch fester ans Ego gefesselt." (Erde, S. 139)

„Die neue Erde entsteht, je mehr Menschen es als den Hauptsinn und -zweck ihres Lebens betrachten, das Licht des Bewusstseins in diese Welt zu bringen und alles, was sie tun, als ein Werkzeug für dieses Bewusstsein zu verwenden." (Erde, S. 190)

Eckhart macht immer wieder deutlich, dass es ihm nicht darum geht, eine bessere Welt zu erschaffen, wie es alle Ideologien (Kommunismus etc.) anstreben. Er sieht eine Entwicklung, die von niemandem gesteuert oder beeinflusst werden kann:

„Im großen Weltenplan ist vorgesehen, dass sich die Menschen zu bewussten Wesen entwickeln, und wer das nicht tut, wird unter den Folgen seiner Unbewusstheit leiden müssen. Solche Leute stimmen nicht mit dem evolutionären Impetus des Universums überein. " (Erde, S. 107)

Auch wenn es manchmal so klingt, Eckhart Tolle will die Neue Erde nicht als eine Utopie verstanden wissen:

„»Und ich sah einen neuen Himmel und eine neue Erde«, heißt es in der Offenbarung des Johannes. Das Fundament einer neuen Erde ist ein neuer Himmel – das erwachte Bewusstsein. Die Erde – die äußere Wirklichkeit – ist nur dessen äußeres Spiegelbild. Die Entstehung eines neuen Himmels und damit auch einer neuen Erde ist kein Zukunftsereignis, das uns befreien wird. Nichts wird uns frei machen, weil uns nur der gegenwärtige Augenblick frei machen kann. Diese Erkenntnis ist das Erwachen. Erwachen als Zukunftsereignis ergibt keinen Sinn, denn das Erwachen ist die Verwirklichung von Präsenz." (Erde, S. 195f)

Die Neue Erde steht allerdings durchaus für Eigenschaften von Menschen und einer Lebensqualität, die unserer bekannten Welt mit ihrer schier endlosen Gier, Gewalt und Unbewusstheit diametral entgegengesetzt sind:

„Wenn das neue Bewusstsein sich auf der Erde zu entfalten beginnt, brauchen immer weniger Menschen ein Schockerlebnis, um zu erwachen. Sie verbünden sich freiwillig mit dem Prozess des Erwachens, während sie sich noch in der Phase des äußeren Wachsens und Expandierens befinden. Wenn diese Phase nicht länger vom Ego vereinnahmt wird, kommt die spirituelle Dimension ebenso kraftvoll in diese Welt durch die Bewegung nach außen – durch das Denken, Sprechen, Handeln und Erschaffen – wie durch die Bewegung nach innen – durch die Stille, das Sein und die Auflösung der Form." (Erde, S. 186)

Das Erblühen

„Ein Morgen auf der Erde vor 114 Millionen Jahren kurz nach Sonnenaufgang: Die erste Blütenpflanze, die auf dem Planeten erscheint, öffnet ihren Kelch den Strahlen der Sonne." So beginnt das Buch – unter dem Titel „Evokation" als Einleitung. Schon im nächsten Absatz wird deutlich, dass Eckhart Tolle die Gesamtentwicklung des Bewusstseins auf dem Planeten Erde im Blick hat:

„Erst viel später sollten die zarten, vergänglichen Gebilde, die wir Blumen nennen, eine wesentliche Rolle für die Evolution des Bewusstseins einer anderen Art spielen. Irgendwann waren Menschen von ihnen fasziniert und fühlten sich immer stärker zu ihnen hingezogen. Sowie sich deren Bewusstsein weiterentwickelte, waren Blumen vermutlich das erste physische Objekt, das sie wertschätzten, obwohl es keinen Gebrauchswert für sie hatte, also nicht mit dem Überleben in Zusammenhang stand. Unzählige Künstler, Dichter und Mystiker haben sich von Blumen inspirieren lassen. Jesus hat uns die Lilien auf dem Felde zur Betrachtung und als Vorbild für unser Leben empfohlen. Buddha soll einmal eine »stille Predigt« gehalten haben, indem er eine Blume hoch hielt und sie ansah."[24]

Dieser eine Absatz deutet bereits die Grundidee von „Eine Neue Erde", so wie das Anfangsthema einer Sinfonie bereits im Keim die sich weiter entfaltende Musik enthält. Das berühmteste Beispiel dafür sind wohl die ersten vier Töne der 5. Sinfonie von Beethoven. Aus der Blumenmetapher am Anfang entwickelt Eck-

24 Eckhart Tolle: Eine Neue Erde, Evokation, Goldmann, München 2005

hart genial seine Lehre von der Überwindung des Egos. Es beansprucht im Buch den meisten Platz; denn ich muss mich selbst in allen Aspekten wahrnehmen – als Objekt, als Person mit Körper, Geist und Seele, mit allen relativen Eigenschaften, bevor ich der Leere und Fülle des wahren Selbst gewahr werden kann.

Das Ego repräsentiert sicher nicht die Blüte, sondern eher die Dornen einer Rose. Das Thema ist das Leben selbst und umfasst alle nur möglichen Widersprüche. In der Entwicklung des Bewusstseins war und ist das persönliche, individuelle Ich mit all seinen Abwehrmechanismen, seinem Besitzdenken, seiner Identifikation mit dem Körper, mit der Familie, mit einer Nation nötig – im Sinne von „so hat sich das Leben nun einmal hier auf Erden entwickelt". Doch zum ersten Mal in der Evolution wird sich das Bewusstsein nun seiner selbst bewusst. Das lässt sich an herausragenden Menschen wie Buddha und Jesus demonstrieren – und die Blume ist ein Symbol dafür, weil sie – einfach gesagt – kein Geld bringt. Ihr Wert liegt nicht im Bereich des Zweckdenkens von „Was bringt mir das?"

Doch wichtig ist hier nicht, ob jemand wie Buddha, Jesus oder Eckhart Tolle den evolutionären Bewusstseinssprung geschafft hat. Einzig entscheidend ist, dass ich, der ich gerade jetzt diese Worte lese, erkenne: Was dies liest und versteht, ist jenseits von Zeit und Raum. Es ist nicht der Körper, denn der ist nur Objekt. Er wird wahrgenommen, wie die Worte. Stimmt das? Was genau nimmt jetzt wahr?

Eine neue Erde bleibt nur eine Idee oder ein Konstrukt, wenn sie nicht unmittelbar mit mir zu tun hat. Ich selbst bin die neue Erde. Es gibt keine Trennung. Das von mir getrennt Erfahrene ist die Welt, die gleichsam über der Erde vom menschlichen Verstand errichtet wurde – dem Ego gleichend, das wie eine Schicht aus Emotionen, Erinnerungen, Erwartungen und Geschichten das wahre Selbst überlagert.

„Ein neuer Himmel und eine neue Erde entstehen in ebendiesem Augenblick in dir, und wenn sie nicht in diesem Augenblick entstehen, dann sind sie nur ein Gedanke in deinem Kopf und entstehen deshalb gar nicht." (Erde, S. 195)

Welt und Erde

Wenn ich morgens den PC aktiviere, um meine Mails zu lesen, muss ich mich erst einmal durch einen Wust von Nachrichten und Werbung wühlen. Der Trend, den Konsumenten derart mit meist oberflächlichen Informationen zu bombardieren, ist relativ neu. Die meisten Menschen wollen wissen, was in der Welt vor sich geht. Das ist normal. Vor langer Zeit brachten fahrende Händler die Neuigkeiten. Dann kam der Buchdruck. Luthers Lehre erreichte um 1530 über Flugblätter allein in Deutschland Millionen Menschen. Seit Beginn des 20. Jahrhunderts hat sich die Welt der Medien technisch und strategisch derart rasant entwickelt, dass heute praktisch jeder Mensch auf der Erde rund um die Uhr „vernetzt" und „informiert" ist.

Nicht jeder, aber fast jeder möchte (ständig) wissen, was in der Welt geschieht. Die einen interessieren sich für Klatsch und Tratsch, andere suchen Hintergrundinformationen zu Politik und Kultur. In jedem Fall wird mit dem Gefühl des Informiertseins ein Bedürfnis des Ego befriedigt, selbst wichtig zu sein. „Ich kenne mich aus. Ich bin mitten drin. Ich war mit auf dem roten Teppich bei der Oscar-Verleihung in Hollywood. Ich weiß, warum die Politik von Angela Merkel richtig (oder falsch) ist."

Was ist wohl der tiefere Grund dafür, dass ich dermaßen massiv von den Medien „informiert" werde? Dafür gibt es eine allgemeine, objektive und eine individuelle, subjektive Antwort. Die allgemeine Antwort betrifft die Entwicklung der Welt nach Maßgabe des überwiegend männlich geprägten Verstandes, der immer mehr Macht, Kontrolle und Informationen will. Das ist ganz offensichtlich für jeden, der sich die Geschichte der sogenannten Zivilisation vor Augen führt. Sie ist beherrscht von Krieg, Unterdrückung und Machtpolitik. Die Schlagzeilen sind bestimmt vom Unglück in der Welt. Selten kommt ein berührendes Beispiel für Mitgefühl und Freude vor – und wenn, dann meist in Kombination mit einem Spendenaufruf.

Die subjektive Antwort ist: Ich muss doch nicht alle diese Informationen aus allen Kanälen aufnehmen! Es mag sein, dass die meisten Menschen nicht nur die Nachrichten, sondern ihr Leben so negativ wahrnehmen. Das muss nicht meine Wahrnehmung sein. Ich kann darauf achten, mich nicht mit den von außen aufgenommenen Informationen und Energien zu identifizieren.

Das erfordert allerdings genau die Disziplin, an die Eckhart Tolle immer wieder erinnert und die er aktivieren möchte: Was erlebe ich genau jetzt? Nun sind es beispielsweise diese Worte. Vielleicht höre ich aber nebenbei im Radio Musik oder Nachrichten? Angenommen eine Stimme sagt: „Gerade ist am Flughafen Tegel in Berlin eine Bombe explodiert. Nach erster Schätzung gibt es über hundert Tote und zahlreiche Verletzte. Es wird ein terroristischer Anschlag vermutet."

Wie beeinflusst mich das, jetzt, in der Vorstellung? Da ist plötzlich Berlin in meinem Kopf, womöglich waren Freunde von mir auf dem Flughafen. Ich muss etwas unternehmen, mehr Infos einholen und so weiter. Der Verstand und die Emotionen springen sofort an, lauern geradezu auf solche Ereignisse. Aber die Wirklichkeit ist genau das, was jetzt und hier für dieses Bewusstsein gegeben ist. Nicht mehr und nicht weniger. Die Welt „dort draußen", unabhängig von mir – das ist eine Konstruktion des Verstandes. In der aktuellen Quantenphysik weisen die Wissenschaftler zunehmend auf die Möglichkeit hin, dass es diese sogenannte objektive Wirklichkeit nicht unabhängig vom Bewusstsein gibt.

Alles, was Menschen emotional erregt, verkauft sich gut. Negative Emotionen wie Furcht und Wut, Gier und Neid scheinen in der Welt stärker zu wirken als positive Gefühle wie Freude oder Nächstenliebe. Die Medienmacher setzen auf die Sensation des Unglücks und verstärken damit das Unglücklichsein in der

Welt. Das lässt sich an jeder beliebigen Zeitung oder Webseite von Nachrichtensendern belegen.

Eckhart Tolle sieht in den Medien eine gezielte Verstärkung des Unglücklichseins, an dem sich der „Schmerzkörper" geradezu labt: „Die populäre Boulevardpresse verkauft keine Nachrichten, sondern in erster Linie negative Empfindungen – Nahrung für den Schmerzkörper. »Gräueltat« oder »Monsterkiller« leuchtet es einem in fetten Schlagzeilen entgegen." (Erde, S. 103)

Verbote solcher Schlagzeilen und Inhalte würden an der Sache nichts ändern. Ähnlich verhält es sich beim Artenschutz in der Natur, wo trotz enorm aufwendiger Maßnahmen die Zahl der Elefanten und Nashörner weiterhin rapide durch Wilderei abnimmt. Nur eines von unzähligen Beispielen, wo das Ego des Menschen in seiner blinden Gier und Aggression seine eigene Lebensgrundlage, die Erde und ihre Natur, zerstört. Doch entscheidend ist: Die Grundlage des Ego ist gar nicht die Natur. Es ist ein Parasit. Ohne einen lebendigen Körper kann es nicht existieren. Umgekehrt kann der Körper sehr wohl und viel besser ohne dieses parasitäre „Ich" leben.

„In einer Welt, in der fast jeder seine Rolle spielt, ragen die wenigen Menschen heraus, die keine mentalen Bilder projizieren, sondern die aus einem tieferen Kern ihres Seins heraus agieren, die nicht mehr scheinen wollen, als sie sind, sondern einfach nur sie selbst sind – und davon gibt es sogar im Fernsehen und in anderen Medien sowie in der Geschäftswelt einige. Sie sind im Grunde die Einzigen, auf die es in dieser Welt ankommt. Sie bereiten den Boden für das neue Bewusstsein." (Erde, S. 72)

Das integrale Bewusstsein

Dies ist ein Begriff des Schweizer Philosophen Jean Gebser (1905-1973). Er entdeckte und beschrieb eine Evolution des Bewusstseins, die der Lehre von Eckhart Tolle in wichtigen Aspekten entspricht. Laut Eckhart gibt es auf jeder Entwicklungsstufe der Natur einen Höhepunkt, wo sich eine neue Qualität zeigt und der Keim zur nächst höheren Entwicklungsstufe enthalten ist. Auf der Ebene der Steine repräsentiert der Kristall oder der Diamant diesen Umschlagspunkt; bei den Pflanzen ist es die Blüte, bei den Reptilien der Vogel; bei der Gattung Mensch ist der kritische Punkt das Bewusstsein seiner selbst. Als Verstand und Ego hat es über Jahrtausende die Kultur vorangetrieben. Große Reiche und prachtvolle Städte entstanden und zerfielen, meist unter der Herrschaft größenwahnsinniger Könige. Die Erde und ihre Bewohner wurden dabei bis heute rücksichtslos ausgebeutet. Doch so kann es nicht weitergehen. Wir sind am Wendepunkt angelangt. Wenn das Ego nicht in seine Schranken verwiesen wird durch das erwachende göttliche Bewusstsein, dann hat die Menschheit keine Überlebenschance. Kommt jedoch das reine Bewusstsein, die göttliche Intelligenz, zum Zug, wird das Leben auf der Erde völlig anders sein als bisher.

Dieser Gedanke ist von etlichen Weisheitslehrern, Philosophen und Theologen des 20. Jahrhunderts geäußert worden. So sagte der Theologe Karl Rahner: „Der Mensch des 21. Jahrhunderts wird Mystiker sein – oder er wird nicht mehr sein." Das Paradox ist: Dieser Mystiker kennt im Grunde gar keine „Welt" mehr. Er erfährt die Natur, das Leben, nicht von sich getrennt. Was ist, ist. Hier und Jetzt.

Was wir heute erleben, ist das Ego am Kulminationspunkt. Reiner Wahnsinn. Laut Gebser entstand nach dem archaischen, dem magischen und dem mythischen Bewusstsein etwa in der griechischen Antike das mentale Bewusstsein, wo sich der Mensch als Ich, als Einzelner, einer Welt gegenübersieht, die er zunehmend mit seinem Verstand zu beherrschen trachtet. Während der Mensch zu Platons Zeiten begann, seine Welt zu ermessen und sich dabei erstmals des Raums bewusst zu werden, in dem er sich bewegte und wirkte, ist das Prinzip des Messens und Berechnens in der westlichen Kultur zu einem einseitigen Wahn geworden. Aus dem Maßvollen ist Maßlosigkeit geworden.

Doch wie in den anderen Bewusstseinsstrukturen, die alle noch in uns mehr oder weniger lebendig sind und wirken, gibt es anfangs eine effiziente und am Ende eine defiziente Phase. Wir sind in der defizienten Phase des mentalen Bewusstseins. Sollte die Wandlung zum neuen, integralen Bewusstsein nicht gelingen, dann werden wir uns selbst vernichten. Was wir gemeinhin als Rationalität feiern, ist laut Gebser bereits der Abstieg oder Fall in die Extreme von Isolation und Vermassung. Isolation: Das Ich muss sich stets künstlich überhöhen, um den sich erweiternden Raum angeblich kontrollieren zu können (Kapitalismus). Vermassung: Zum einen die zu Gebsers Zeiten noch funktionierenden kommunistischen Systeme (Sowjetunion), zum anderen die überall vorherrschenden Quantifizierungen (Statistik etc.), die anstelle von geistigen Inhalten Formeln und Zahlen setzen.

Bereits Ende der Sechziger bringt Gebser den Computer als Beispiel für die Defiziens des Mental-Rationalen und schreibt: „Jedes Übermaß an Quantifizierung führt zu Ohnmacht, Leere und Hilflosigkeit. Wo dies offensichtlich wird, ist die nicht mehr genügende Bewusstseinsstruktur bereits überwunden.“[25]

Nun ergibt sich allerdings (scheinbar) ein Widerspruch in Eckhart Tolles Lehre. Einerseits ist nur das Jetzt wirklich, andererseits wird eine Evolution des Bewusstseins behauptet, die sich von einer angenommenen Vergangenheit in die Zukunft erstreckt. Wie geht das zusammen?

Dieselbe Frage betrifft alle Entwürfe einer Evolution des Bewusstseins, wo zugleich das Jetzt, dieser Moment, als einzige Wirklichkeit akzeptiert wird. Es handelt sich um zwei verschiedene Ebenen. Was ich jetzt, in diesem Moment, erlebe, kann durchaus einige Sekunden dauern, wie zum Beispiel eine kurze Melodie, ein gesprochener Satz. Ich kann sogar in diesem Moment in einer Vision eine „Evolution des Bewusstseins“ erleben, wie in

25 Jean Gebser: Ursprung und Gegenwart, 2. Teil, Gesamtausgabe Novalis, 1977/2002, S. 684

einem Zeitrafferfilm. Doch wie könnte die gesamte Geschichte des Menschen oder gar der unendliche Kosmos in dieses Jetzt passen? Bei der Auflösung des Widerspruchs hilft Tolles Unterscheidung zwischen Inhalt und Form des Jetzt. Die Inhalte ändern sich ständig, die Form – reines, leeres Bewusstsein – bleibt auch über Jahrmillionen dieselbe.

„Der Raum des Jetzt wird mit dem verwechselt, was in diesem Raum geschieht. Die Verwechslung des gegenwärtigen Augenblicks mit dem Inhalt begründet nicht nur die Illusion der Zeit, sondern auch die Illusion des Ego." (Erde, S. 133)

„Von einer Warte jenseits des Denkens aus betrachtet und daher für den Geist des Menschen unfassbar, geschieht alles jetzt. Alles, was je gewesen ist und je sein wird, geschieht jetzt, außerhalb der Zeit, die nichts weiter als ein mentales Konstrukt ist." (Erde, S. 181)

Der Welt kann die ihr zugeschriebene objektive Realität zugestanden werden. Es hat die Saurier vor vielen Millionen Jahren objektiv gegeben, die vielen Knochen beweisen es. Es existieren Galaxien in Millionen Lichtjahren Entfernung, auch wenn ich selbst nicht dort war. Die Hauptstadt Berlin befindet sich tatsächlich in Deutschland, mit all ihren Einwohnern, und zwar objektiv, in diesem Moment, obwohl das subjektiv nur eine Vorstellung ist.

Sollte ich diese beiden Ebenen in meinem Verstand nicht mehr auseinanderhalten können, hätte ich ein Problem. Ich kann wissen und fühlen, dass dies Hier-Jetzt alles ist, und zugleich eine Fahrkarte nach Berlin kaufen, überzeugt, dass ich dorthin gelangen werde. Ich erlebe dieses Paradox als ein Mysterium des Lebens und denke, Eckhart Tolle, der für mich in diesem Moment nur ein Name, ein Bild, eine Erinnerung ist, sieht das ebenso.

Kreativität

Der Begriff der Kreativität kommt vom lateinischen *creare* = etwas erfinden, herstellen, aber auch von *crescere* = wachsen. Er enthält also schon aufgrund seiner Wortherkunft eine aktive und eine eher passive Komponente. In vielen Schöpfungsmythen wird die ganze Welt so kreiert wie ein Kind geboren wird. Laut Bibel begann dagegen alles mit dem göttlichen Wort, in der griechischen Ausgabe übersetzt mit *Logos*. Für die Griechen ist die Schöpfung ein geistiger Akt, wo aus dem Chaos der Kosmos, die Ordnung entsteht. Gemäß dem jüdischen Schöpfungsmythos erschuf Gott den ersten Menschen aus einem Klumpen Lehm – so wie eben seinerzeit, als dieser Mythos entstand, Krüge und kleine Statuen aus Lehm gemacht wurden. Sogar der große Denker Aristoteles erklärte sich die Dinge („Substanzen") in der Techno-Logik eines Handwerkes oder Bildhauers: Eine Portion Material wie Stein, Holz oder Lehm erhält eine Form, die es für uns funktionstüchtig und zählbar macht.

Für Eckhart Tolle ist bei der Kreativität entscheidend, dass der Schaffensprozess nicht vom Verstand oder Ego gelenkt wird, sondern aus der inneren Stille und Weite des Bewusstseins strömt. So wie er bei traditionellen spirituellen Texten sofort bemerkt, wenn da von unbewusster Seite „nachgeholfen" wurde, so sieht er bei Kunstwerken, ob sie aus der Stille oder dem Verstand heraus erschaffen wurden.

„Weil wir in einer so vom Verstand dominierten Kultur leben, ist der größte Teil der modernen Kunst, Architektur, Musik und Literatur ohne Schönheit, ohne innere Essenz, mit einigen wenigen Ausnahmen. Der Grund dafür ist, dass die Menschen, die diese Dinge erschaffen, sich selbst nicht – nicht mal für einen Moment – von ihrem Verstand freimachen können. Sie sind also nie im Kontakt mit dem inneren Raum, wo wahre Kreativität und Schönheit entstehen. Der sich selbst überlassene Verstand erschafft Ungeheuerlichkeiten, nicht nur in Galerien. Sieh dir unsere Stadtlandschaften und die industriellen Ödnisse an. Keine Zivilisation hat jemals so viel Hässlichkeit produziert." (Jetzt, S. 120f.)

In jedem seiner Vorträge kann man deutlich spüren, dass die Worte aus der einen, überpersönlichen Quelle kommen und nicht vom Verstand mit irgendeiner Absicht gewählt sind. Deshalb wirken sie auch so unmittelbar. Die Stille vertieft sich.

Ein Weg, Gegenwärtigkeit zu üben, ist die stille Meditation. Ein anderer Weg heißt Improvisation. Wir können nicht immer nur still dasitzen, wir müssen auch etwas tun; und tatsächlich sind wir besonders effektiv, wenn wir aus dem Moment heraus handeln. Meditation ist gut und wichtig. Handeln im Moment ebenso. Beides fügt sich wieder zu einer Einheit.

„Improvisation (ital.: *improviso*, unerwartet) bedeutet, etwas ohne Vorbereitung, aus dem Stegreif oder ad hoc dar- oder herzustellen. Improvisation im allgemeinen Sprachgebrauch meint den spontanen praktischen Gebrauch von Kreativität zur Lösung von auftretenden Problemen.“ [26]

Die „Aufgabe“ lautet, einfach im Moment zu sein, nicht nach Verbesserungen in der Zukunft zu schielen. Wir können dabei von der Musik lernen. Sie hat die wohl schönsten und zugleich gut erlernbaren Formen der Improvisation anzubieten. Dabei bringen sie uns auf eine beglückende Weise in den Moment.

In der (musikalischen) Improvisation kann es bei Profis und völligen Laien zu einem berauschenden und kaum zu beschreibenden Gefühl der Leichtigkeit und Einheit mit dem Leben, dem Ganzen kommen. Da mag kurz der Gedanke aufkommen: „Nanu, das läuft ja alles wie von selbst, jeder Ton, jeder Impuls passt, ist genau richtig.“ Der Improvisierende empfindet sich selbst als Instrument in einer göttlichen Sinfonie. Er erlebt das nicht als eine Degradierung oder Beschränkung, sondern im Gegenteil als eine wunderbare Befreiung.

Die weiterführende Frage lautet: Kann das auch im alltäglichen Handeln erlebt und umgesetzt werden? Kann ich das Leben mehr und mehr so erleben wie in einer fließenden musikalischen Improvisation? Das müsste doch möglich sein! Es ist möglich. Stephen Nachmanovitch, Musiker, bildender Künstler und gefragter Redner an Universitäten, leitet dazu in seinen Workshops weltweit

26 Quelle: Wikipedia

an, wie auch in seinem Buch „Free Play“ (vormals „Tao der Kreativität“). Er schreibt:

„Als ich mich das erste Mal beim Improvisieren ertappte, spürte ich mit Begeisterung, dass ich da an einer großen Sache dran war, einer Art spiritueller Verbundenheit, die über das Gebiet des Musizierens weit hinausgeht. Gleichzeitig erweiterte Improvisation das Gebiet und die Bedeutung des Musizierens, bis die Grenzen zwischen Kunst und Leben verschwammen. Ich erkannte, dass Freiheit sowohl erfrischend als auch anspruchsvoll ist. Immer wenn ich den Moment der Improvisation betrachtete, entdeckte ich Strukturen, die auf alle möglichen anderen Arten von Kreativität verwiesen. Ich entdeckte Anhaltspunkte, wie man das Leben so leben könnte, dass es selbstschaffend, selbstorganisierend und authentisch ist. So kam ich zu dem Punkt, Improvisation als den Hauptschlüssel für Kreativität zu betrachten.“ [27]

Im Einklang mit der Natur

Wenn es mir im Getöse der Welt zu viel wird, gehe ich in der Natur spazieren. Das ist ein altes Patentrezept. Man kann es auch übertreiben und Jahrzehnte in einer Himalaya-Höhle oder in der Wüste verbringen. Die äußere Natur hat ihre Schönheit – die großen Bäume im stillen Wald, das Glucksen des Bächleins, die mächtigen Berge der Alpen, das Zirpen der Feldgrille – und die innere Natur schwingt sofort mit.

Eckhart Tolle fühlte sich bereits als Kind am wohlsten in der Natur; und seit 1996 lebt er mit seiner Lebensgefährtin Kim in der Nähe eines der schönsten Naturparadiese der Erde, in Vancouver, an der Westküste von Kanada. Die Natur ist dort schon wenige Kilometer von der Stadt entfernt dermaßen wild, wie sich das die

---

27 Stephen Nachmanovitch: Free Play: Kreativität geschehen lassen. O. W. Barth, München 2013

meisten Menschen hierzulande kaum vorstellen können. Ich bin einmal bei einer 30-minütigen Rast des Greyhound-Busses an der Grenze zwischen Kanada und den USA in den Wald gegangen. Es gab keinen Weg, aber ich war einfach neugierig, bestaunte die enormen Farne und die riesigen Bäume. Nach zehn Minuten wusste ich nicht mehr, wie ich zurück zum Rastplatz kommen sollte, und rief laut um Hilfe.

Die Natur ist weit mehr als beschaulich und romantisch. Sie ist in Wahrheit überwältigend, übermenschlich. Wer sich ihr wahrhaftig hingibt, verschwindet darin, durchaus auch auf Nimmerwiedersehn.

„Die Neue Erde" – das ist eine starke Metapher. Ein Bild für etwas Unbegreifliches. Darin schwingen Freiheit, Ekstase und unergründliche Stille. Ich gehe nicht mal eben spazieren und schaue mir die neue Erde an. Nein. Eher zieht es mich in eine zunächst erschreckende Weite, nichts scheint bekannt und geläufig, und doch ist da eine eigenartige Vertrautheit. War ich hier schon einmal in einem Traum?

Natur umfasst hier auch die unermessliche Weite des Weltraums, die mir die innere Tiefe des Bewusstseins „spiegelt", wenn ich nachts in den Sternenhimmel blicke:

„Wenn du die unergründliche Tiefe des Raums betrachtest oder in der Morgenfrühe kurz vor Sonnenaufgang auf die Stille lauschst, klingt so etwas wie ein Wiedererkennen in dir an. Dann empfindest du die unermessliche Weite des Raums als deine eigene Weite und erkennst, dass die köstliche Stille, die keine Form hat, in einem viel tieferen Sinne das ist, was du im Innersten bist, als all die Dinge, die dein Lebensinhalt sind." (Erde, S. 143)

Auch Johann Wolfgang von Goethe sah in der Natur bekanntlich mehr als ein Naherholungsgebiet.

„Natur! Wir sind von ihr umgeben und umschlungen – unvermögend, aus ihr herauszutreten, und unvermögend, tiefer in sie hineinzukommen. Ungebeten und ungewarnt nimmt sie uns in den Kreislauf ihres Tanzes auf und treibt sich mit uns fort, bis wir ermüdet sind und ihrem Arme entfallen.

Sie schafft ewig neue Gestalten; was da ist, war noch nie; was war, kommt nicht wieder – alles ist neu und doch immer das alte.

Wir leben mitten in ihr und sind ihr fremd. Sie spricht unaufhörlich mit uns und verrät uns ihr Geheimnis nicht. Wir wirken beständig auf sie und haben doch keine Gewalt über sie.

Sie scheint alles auf Individualität angelegt zu haben und macht sich nichts aus den Individuen. Sie baut immer und zerstört immer, und ihre Werkstätte ist unzugänglich.

Sie lebt in lauter Kindern; und die Mutter, wo ist sie? – Sie ist die einzige Künstlerin: Aus dem simpelsten Stoff zu den größten Kontrasten; ohne Schein der Anstrengung zu der größten Vollendung – zur genausten Bestimmtheit, immer mit etwas Weichem überzogen. Jedes ihrer Werke hat ein eigenes Wesen, jede ihrer Erscheinungen den isoliertesten Begriff, und doch macht alles eins aus.

Sie spielt ein Schauspiel; ob sie es selbst sieht, wissen wir nicht, und doch spielt sie's für uns, die wir in der Ecke stehen. (…)"[28]

---

28 Johann Wolfgang von Goethe: Die Natur, Aufsatz von 1788, Quelle: http://www.wissen-im-netz.info/literatur/goethe/aufsatz/03.htm

KAPITEL 7

Tod und Ewigkeit

Die Neue Erde ist hier und jetzt und nicht ein Paradies, das gläubige Menschen nach ihrem körperlichen Tod erleben werden. Unzählige leben auch heute noch in und mit der Hoffnung beziehungsweise der Angst, nach dem Tod für ihr Leben auf der Erde belohnt oder bestraft zu werden. Da niemand wissen kann, was nach dem physischen Tod geschieht, bietet sich hier eine schöne leere Leinwand für alle nur möglichen Fantasy-Filme. Wohl kein Feld scheint so fruchtbar für die Projektion des Geistes wie das Reich der Toten.

Stirb, bevor du stirbst!

„Die häufigsten Ego-Identifikationen haben mit Besitz, Arbeit, sozialem Status und Anerkennung zu tun, mit Wissen und Bildung, körperlicher Erscheinung, besonderen Fähigkeiten, Beziehungen, persönlicher und familiärer Geschichte, Glaubenssystemen – oft auch mit kollektiven Identifikationen wie Politik, Nationalität, Rasse, Religion und Ähnlichem. Nichts davon bist du. Findest du das beängstigend? Oder ist es eine Erleichterung? All diese Dinge wirst du früher oder später aufgeben müssen. Vielleicht findest du es noch schwer, das zu glauben. Ich will gewiss nicht, dass du *glaubst*, deine Identität sei in keinem dieser Dinge zu finden. Du wirst selbst *herausfinden*, dass das wahr ist. Du wirst es spätestens dann wissen, wenn der Tod naht. Der Tod nimmt alles weg, was du nicht bist.

Das Geheimnis des Lebens ist, „zu sterben, bevor du stirbst" – und herauszufinden, dass es keinen Tod gibt." (Jetzt, S. 64)

Stirb, bevor du stirbst! In vielen Weisheitslehren – vor allem in der spirituellen Tradition des Sufismus – wird mit Sprüchen und Geschichten darauf hingewiesen, dass nur dem, der seine individuelle, persönliche Identität aufgegeben hat, das wahre Leben „gehört". Auf dem Weg zu Gott ist das Ego das einzige Hindernis. Ich stehe mir gleichsam selbst im Weg.

Letztlich ist es nur das individuelle Ich, welches stirbt, und nur dieses Ich hat davor Angst. Doch zugleich liegt hier der Schlüssel für jede spirituelle Suche. Ohne die Angst vor dem eigenen Tod gäbe es wohl keine Religionen, womöglich sogar keine Philosophie, Selbsterforschung und Wissenschaft. Alle Fragen und Zweifel lassen sich im Prinzip auf zwei Typen menschlicher Grundfragen zurückführen: Die Fragen des Kindes zur Orientierung in der noch unbekannten Welt; und die Fragen des Erwachsenen nach dem Sinn des Lebens angesichts des offensichtlichen Endes.

In Eckhart Tolles Lehre hat der Tod eine wichtige und geradezu positive Bedeutung. Er steht für Verlust, der die wesentliche Leere und Stille des Seins fühlbar macht. Das tut weh, bringt aber die befreiende Erkenntnis, dass in Wahrheit kein Ding, keine Person, auch nicht das, was ich zu sein glaube, von Dauer ist. In der Bodenlosigkeit eröffnet sich zugleich grenzenlose Freiheit. Ein anderer Aspekt ist die Dehnung der Zeit angesichts tödlicher Gefahr, in tiefer Versenkung oder unter dem Einfluss psychoaktiver Substanzen. Auch hier geschieht die Erkenntnis, dass der Tod nicht – wie der Verstand suggeriert – in der Zukunft liegt, sondern bereits in jedem Moment präsent ist. Doch das Sterben ist ein realer psychischer und physischer Prozess, dem niemand entkommt und auf den ich mich innerlich vorbereiten kann. Hier liegt ein großes Potenzial zur Erkenntnis der Unsterblichkeit. Auf Fragen, die ein Leben nach dem Tod betreffen, geht Eckhart immer wieder verständnisvoll ein, auch wenn es „nur" um die Seele eines geliebten Hundes geht.

Geliebte Seele

Jemand fragt, ob der Hund im Jenseits ist, die Präsenz scheint noch spürbar. Eckhart weist in seiner Antwort darauf hin, dass jedes Lebewesen gleich wunderbar und geheimnisvoll ist. Mit unserem Verstand unterscheiden wir zwischen Tieren und Menschen. In einem Video auf Tolle-TV sagt Eckhart (in Englisch, hier sinngemäß wiedergegeben):

„Mit unserem Hund war es auch traurig. Aber das Bewusstsein wurde bereichert durch unsere gegenseitige Liebe. Wenn jemand stirbt, den du liebst, sei es ein Mensch oder ein Tier, realisierst du, dass hinter dem Körper noch etwas anderes ist, die Essenz, unbegreiflich. Dieser Hund ist eine Manifestation des einen Bewusstseins – wie jeder Mensch. Wir nennen ein Lebewesen einen Hund, aber wir wissen im Grunde nicht, was ein Hund überhaupt ist. Ebenso wenig wissen wir, was ein Mensch ist. Die Sprache hält uns in der Illusion, wir wüssten, was ein Lebewesen oder gar das Leben ist, nur weil wir ein Wort dafür haben (…) Das Bewusstsein erscheint und entwickelt sich in unzähligen Formen. Es ist nicht zufällig, dass auf unserer Erde die größte Religion einen leidenden Gott verehrt. Und dieser leidende Gott ist jeder von uns. Es ist ein Archetyp. Jede Lebensform auf der Erde entsteht und vergeht. In manchen alten Lehren heißt es, das Bewusstsein fiel herab in die Materie, und das wurde als Irrtum oder Fluch gesehen. Aber das verstehe ich nicht so. In Wahrheit gibt es keine Fehler in der Gesamtentwicklung des Bewusstseins. Solange ihr beide, du und dein Hund, zusammengelebt habt, habt ihr euch gegenseitig im Raum des einen Bewusstseins geholfen und jeweils weiterentwickelt. Jeder ist auf seiner Reise, stets verbunden mit der inneren göttlichen Quelle allen Lebens, doch sich dessen nicht bewusst.“[29]

---

29 Quelle: https://www.youtube.com/watch?v=cL6Y3qXZmj0

Traum und Tiefschlaf

In jeder Nacht – oder auch in einem Nachmittagsschläfchen – verschwinde ich. Ich bin einfach weg. Die Zeit, die äußere Welt, geliebte Menschen, Probleme, Pläne für eine bessere Zukunft – alles verschwunden, als hätte es das nie gegeben. Der Schlaf ist biologisch notwendig. Alle Lebewesen durchlaufen regelmäßig aktive Wach- und passive Schlafphasen. Zumindest bei den Säugetieren muss das Gehirn manchmal abschalten. Allerdings gibt es da die Phasen des Träumens, wo Gehirnforscher starke Gehirnaktivitäten messen. Nicht nur bei uns Menschen, sondern auch bei anderen Primaten. Wenn sich beim schlafenden Hund die geschlossenen Augen und die Pfoten bewegen, jagt er vielleicht im Traum ein Kaninchen.

Schlaf und Traum sind bisher relativ wenig erforscht. Relativ? Bezogen worauf? Bezogen auf alles, was wir Menschen im Wachzustand tun, fühlen oder denken. Was in dieser Welt des geschäftigen Treibens vor allem interessiert, ist doch, wann und wie wir einkaufen, und das mag zwar im Traum geschehen – wie ich mir im Einkaufszentrum unbeschwert alle meine Wünsche erfülle – doch die Bezahlung bleibt aus. Woran niemand etwas verdient, das ist in unserer Kultur letztlich uninteressant.

Doch für mich selbst könnte es wichtig sein, was in einem Drittel dieses „meines" Lebens tatsächlich geschieht. Oder? Schlaf, des Todes kleiner Bruder! Zumal ich da entweder so gut wie tot bin (im Tiefschlaf) oder ein mir meist völlig unbekanntes Eigenleben führe (im Traum), so wie in der Story von Dr. Jekyll und Mr. Hyde. Wenn ich Angst vor dem Tod habe – und wer hat die nicht? – dann kann ich an den traumlosen Tiefschlaf in jeder Nacht denken. Und an die Zeit vor meiner Geburt. Phasen des Nichts liegen offenbar „hinter mir", haben bereits stattgefunden, und es macht mir nichts aus. Habe ich Angst davor, mich in der Öffentlichkeit zu blamieren, dann schreibe ich mein Traum-Tagebuch. Was ich da – in dem „Traummoment“ für mich real – gelegentlich durchmache, sprengt sicher alle Tabus. Auch das habe ich also bereits gut geprobt und ausprobiert.

Im Unterschied zur westlichen Forschung gilt in den spirituellen Traditionen Indiens der Wachzustand nicht als das der Wirklichkeit am Nächsten kommende Bewusstsein. Traum und Tiefschlaf werden als unmittelbarerer Ausdruck des wahren Selbst (Brahman) aufgefasst, etwa in der Chandogya-Upanishad.[30]

Das wahre Selbst ist jenseits von allem Wandel, von allen Gegensätzen, also auch jenseits von Tod und Leben. Es ist sich seiner selbst nicht bewusst, sonst gäbe es das höchste Selbst zweimal, gleichsam im Doppelpack. Auch wenn ich mir im traumlosen Schlaf meiner selbst nicht bewusst bin, kann ich immerhin anschließend sagen, dass ich gut geschlafen habe und mich erholt und ausgeruht fühle. Bewusstsein ist auch im Tiefschlaf und im Koma gegenwärtig, doch ohne irgendein Objekt. Deshalb ist es wie Nichts, entsprechend den tiefsten Ebenen der Versenkung. Ich bin das Bewusstsein, auch ohne jede Wahrnehmung oder Vorstellung von mir selbst. Diese tiefe innere Gewissheit kann schlagartig da sein oder sich womöglich entwickeln durch die von Eckhart Tolle vorgeschlagenen Übungen der Präsenz – wie das Spüren in den Inneren Körper. Letzteres kann dazu führen, dass ich in den Traumphasen bewusster bin und weiß: Dies ist ein Traum! Solche „Klarträume“ verschaffen mir auch in der sogenannten Wirklichkeit eine stärkere Präsenz. Ich bin weniger identifiziert mit dem, was da geschieht, und auch weniger mit der Rolle, die ich dabei spiele. Im Prozess des Sterbens hilft das innere Spüren und der Fokus auf die Stille, die Identifikation mit dem Ego zu lockern und die persönliche Geschichte und den äußeren Körper loszulassen. Das ist ein Geschenk, das wohl nur der Sterbende so richtig zu schätzen weiß.

30 Chandogya-Upanishad zum Samaveda, ChU 8.7.1 – 8.12.6., Upanishaden, Reclam, Seite 31-36

Nahtod-Erfahrungen

Es wäre ein deutlicher Widerspruch zu seiner Lehre, würde Eckhart Tolle den Menschen Hoffnung auf ein individuelles Weiterleben nach dem Tod machen. Es geht ja genau darum, die Identifikation mit dieser Person in Raum und Zeit, die ich „Ich" nenne, in reiner Präsenz aufzulösen. Das geschieht in jedem Fall beim Sterben. Alle religiösen Traditionen, die behaupten, meine persönliche Geschichte würde sich in einem anderen Leben oder im Jenseits, in der Hölle oder im Himmel, fortentwickeln, sind also – im Rahmen von Eckharts Lehre – fragwürdige Konstrukte. Das, was immer hier und jetzt ist, die reine Präsenz, das Bewusstsein, kann nicht sterben. Was es wahrnimmt, darunter auch diesen Körper hier und die momentanen Empfindungen, Erinnerungen, Wünsche, das alles ändert sich ohnehin jeden Moment, verschwindet jede Nacht im Schlaf und wird eines Tages endgültig zu Ende „gestorben" sein. Das bin ich als vergängliches Objekt, als einer von fast acht Milliarden Menschen auf dieser Erde. Genau betrachtet ein Gedanke, wie all die anderen Menschen und die gesamte Welt, die ich mir vorstellen kann – zum Beispiel als Globus.

Eckhart beschreibt ja verschiedene Portale oder Tore zur Befreiung von der unglücklichen Person, vom falschen Selbst: Der innere Körper, die Stille, der leere Raum, traumloser Schlaf und andere. Er sagt: „Ein letztes Tor öffnet sich unmittelbar nach dem Tod deines Körpers. Es gibt über dieses Tor unzählige Beschreibungen von Menschen, die nach so genannten Nahtod-Erlebnissen zurückgekehrt sind und dieses Portal als strahlendes Licht gesehen haben. Viele berichten auch von einem Gefühl stiller Heiterkeit und tiefem Frieden. Das Tibetische Totenbuch beschreibt es „als die leuchtende Pracht des farblosen Lichtes der Leere", die zugleich „dein eigenes wahres Selbst ist"." (Jetzt, S. 169f.)

Die Nahtod-Erfahrungen und das Tibetische Totenbuch erwähnt er nur ganz kurz – ich gehe gleich etwas ausführlicher darauf ein. In jedem Fall stellt Eckhart fest:

„Das Nahen des Todes und auch der Tod selbst, die Auflösung des physischen Körpers, sind immer eine große Möglichkeit für spirituelles Erwachen. Leider wird diese Chance in den meisten Fällen verpasst, weil wir in einer Kultur leben, die vom Tod fast kein Verständnis hat, genau wie sie auch von allen anderen wirklich wichtigen Dingen kein Verständnis hat. Jedes Portal bedeutet einen Tod, den Tod des falschen Selbst." (Jetzt, S. 170)

Nahtod-Erfahrungen werden sehr unterschiedlich dargestellt. Nicht alle sind positiv. Wie im Tibetischen Totenbuch ausgeführt, kann auch sehr starke Angst das Grunderleben bestimmen: Eine öde Leere, erschreckende Geräusche und Stimmen, Dämonen und Teufel können wie aus einem verdrängten Schattenreich auftauchen. In den von Autoren wie Elisabeth Kübler-Ross veröffentlichten Berichten überwiegen allerdings die Beschreibungen angenehmer Bewusstseinszustände. Manche bestärken die Hoffnung auf ein persönliches Weiterleben nach dem Tod. Verstorbene Freunde und Verwandte warten bereits in einer himmlischen Dimension, es gibt freudige Begrüßungen oder auch Begegnungen mit einem spirituellen Meister wie Christus oder Buddha, der die Seele an die Hand nimmt. Da diese Erfahrungen meist gemacht werden während der Körper reglos, möglicherweise sogar ohne Herzschlag daliegt, sind die Berichte wie bei nächtlichen Träumen immer nur aus der eigenen Erinnerung heraus möglich. Ein Beispiel dafür ist das Buch „Zum Himmel und zurück", in dem die amerikanische Chirurgin Dr. Mary C. Neal eine Nahtod-Erfahrung bei einem Kajak-Unfall schildert:

„Ich wusste, dass ich zu lange unter Wasser gewesen war, um noch am Leben sein zu können, wusste aber zugleich, dass diese Erfahrung weder ein Traum noch eine Halluzination noch das Resultat eines sterbenden Gehirns sein konnte – und schon gar nicht konnte das meine begrenzte Imagination sein.

Als die Strömung meinen Körper langsam über die Vorderseite

meines Bootes zog, wurden meine Beine nach hinten in sich selbst gedreht, doch als sie brachen, fühlte ich keinen Schmerz. Mein Geist schälte sich aus meinem ausrangierten Körper, und als ich aufstieg – heraus aus dem Fluss, wurde ich freudig begrüßt von einer Gruppe alter Freunde. Ich beobachtete, wie mein Körper zum Ufer gezogen wurde, und als die Wiederbelebungsversuche begannen, wurde ich auf einem Pfad zu einer Art Dom geführt. Er erstrahlte in herrlichsten Farben und war erfüllt von der reinen, vollkommenen und unbedingten Liebe Gottes. Ich fühlte mich, als wäre ich endlich zu Hause. Trotz meiner Proteste wurde ich schließlich zurück in meinen Körper geschickt, wobei mir Ermutigungen und Anweisungen bezüglich meiner Zukunft mitgegeben wurden.“[31]

Solche Nahtod-Erfahrungen können für das weitere Leben auf der Erde sehr befreiend sein, zum Beispiel weil nun die Angst vor dem Tod verschwunden ist oder weil einen die Überzeugung trägt, von Gott beschützt und geliebt zu werden. So war es jedenfalls bei der Ärztin Mary Neal. Doch ist eine Nahtod-Erfahrung gleichbedeutend mit dem spirituellen Erwachen? Eckhart Tolle bezeichnet es als ein Tor oder Portal, also als eine gute Möglichkeit, die wahre Natur des Selbst zu erkennen. Doch die Illusion von Getrenntheit – hier bin ich, dort draußen ist die Welt (oder der Himmel) – bleibt womöglich oder kommt wieder. So heißt es ja auch im Tibetischen Totenbuch, dass nur die Seele Befreiung erlangt, die sich selbst als das „Klare Licht“ erfährt.

Der Berliner Psychologe Christian Meyer und die Heilpraktikerin und Sterbebegleiterin Christine Brekenfeld, die eine Nahtod-Erfahrung hatte, haben gemeinsam eine Studie zum Thema „Nahtod-Erfahrungen und ihr spirituelles Transformationspotential“ erarbeitet und dabei über fünfzig Personen befragt, die entweder eine Nahtod- oder eine Aufwacherfahrung hatten. Christian Meyer: „Unsere These ist, dass eine Nahtod-Erfahrung (NTE) und

31 Dies ist meine eigene Übersetzung aus dem amerikanischen Original Mary C. Neal „To Heaven and Back“, dt. „Einmal Himmel und zurück: Der wahre Bericht einer Ärztin über ihren Tod, den Himmel, die Engel und das Leben, das folgte“ Allegria, Berlin 2012.

die des Aufwachens eine Ähnlichkeit in der inneren Struktur haben. Außerdem vermuten wir, dass bei der Nahtod-Erfahrung eine Veränderung geschieht, die sich durch spirituelle Arbeit zum Aufwachen hin ausweiten kann. Die Nahtod-Erfahrung ist gleichsam ein halbes Aufwachen. (…) Beim Aufwachen macht der Mensch typischerweise die Erfahrung, dass er alles und so überall ist. Wenn er überall ist, kann er nicht im Körper sein. Es muss also einen Sprung geben von der Wahrnehmung: ‚Ich bin der Körper beziehungsweise im Körper' hin zur Wahrnehmung: ‚Ich bin alles – und der Körper ist nur ein winzig kleiner Teil'. Das Aufwachen ist umso erfolgreicher, je mehr der Betreffende alle visuellen Erfahrungen hinter sich lässt. Bei der Nahtod-Erfahrung ist der Mensch aber typischerweise in der visuellen Wahrnehmung. Deshalb scheint die außerkörperliche Wahrnehmung anders zu sein als bei dem, der aufwacht. Der Betreffende sieht sich außerhalb des Körpers, während der Aufwachende nichts sieht."

Christine Brekenfeld hatte ihre Nahtod-Erfahrung als sie hochschwanger war und sich vorzeitig die Plazenta löste. Als sie den unaufhaltsamen Schwall von Blut sah, war sie überzeugt, sterben zu müssen. Ihr Überlebenskampf schlug in ein tiefes Loslassen um, und sie empfand tiefen Frieden. „Ich fühlte zugleich ein Gezogenwerden in eine Art Enge, nicht so sehr wie ein Tunnel, eher etwas Organisches. Und am Ende war etwas Strahlendes, verbunden mit dem Gefühl von bedingungsloser Liebe, von Frieden, Stille und Wahrhaftigkeit, mit dem ich verschmolzen bin. Auch eine Art von Erkennen, von Angekommensein, als wären alle Fragen beantwortet.

So tief und wichtig die Nahtod-Erfahrung gewesen ist, sie hat mir nicht gezeigt, wie ich mich in meinem Inneren bewegen und zurechtfinden kann. Ich erkannte, dass das, was ich suche, nicht irgendwo außerhalb ist, sondern in mir. Wenn ich den Gefühlen folge, komme ich mit Sicherheit dahin.

Aus der Nahtod-Erfahrung habe ich die Erkenntnis mitgenommen: Ich bin nicht dieser Körper. Die Angst vor dem Tod ist verschwunden. Dennoch waren immer noch Wünsche da, etwa der Wunsch, wieder schwanger zu werden. Mein Ego war überzeugt, es stünde mir zu. Die Arbeit mit den (von Christian Meyer entwickelten) „7 Schritten zum Erwachen“ hat mir geholfen, die Wünsche loszulassen und mit dem einverstanden zu sein, was ist.“ [32]

Reinkarnation

„Gibt es eine einzigartige Individualität in jeder Person, die in jeder Inkarnation wieder und wieder kommt, bis sie zum vollen Bewusstsein erblüht? Gibt es ein Wesen in jeder Person, das über die Erdenleben hinweg Bestand hat, bis es volle Blüte erlangt?“

„Nun, es gibt die Form so lange, wie es das Selbst gibt – Selbst-Identifikation mit der Form. Was Bestand hat, ist die Illusion von Form. Die überlebende Wesenheit ist die Illusion. Irgendwann löst die Illusion sich auf; und dies geschieht nicht immer nach dem Anhäufen vieler Verdienste in vielen Inkarnationen. Sie könnte sich plötzlich auflösen, selbst in einer Inkarnation, die nicht viele Verdienste ausweist… einfach extremes Leiden. Es gibt also keine speziell ausgewählte Form. Es ist nie so, dass die Ganzheit sagt: ‚Ich wähle dich aus, damit du dies bist.‘

Der Ganzheit ist es gleich, durch welche Form sie erblüht. Sie sucht nur die Öffnung, durch welche sie erblühen kann. Es ist nicht so, dass die Form auf irgendeine Weise besonders ist. Das Gegenteil ist wahr: Durch die Erkenntnis der Nichtheit dieser Form, ihrer Nichtigkeit, ihrer Nicht-Besonderheit kommt plötzlich, wo eine Form gewesen ist, eine Transparenz. Es ist die Bestimmung der Form, dafür transparent zu werden.“[33]

Eckhart Tolle antwortet hier im Interview auf die Frage des indischen Gelehrten Dr. Mistry. Er bestätigt in gewisser Weise die

32 Quelle: Christian Salvesen, Keine Angst mehr vor dem Leben haben, Artikel in Visionen, 2012

33 A. S. Dalal: Eckhart Tolle – Sri Aurobindo. Ein neues Denken – ein neuer Mensch – eine neue Welt. Aquamarin, Grafing 2013, S. 97

Reinkarnation als etwas, das in der illusionären Welt existiert. Im Hinduismus und Buddhismus spielt Reinkarnation eine zentrale Rolle, und zwar in Verbindung mit dem Begriff des Karma. Gute oder schlechte Taten führen zu einer besseren oder schlechteren Wiedergeburt. Doch das Ziel ist ja letztlich die Befreiung von der Individualität und Trennung. Was ja wohl bedeutet, dass das, was sich da inkarniert, nicht das wahre Selbst sein kann. Übrigens war auch im Christentum, Judentum und Islam die Wiedergeburt der Seele zumindest zeitweise anerkannt. Platon erklärt teilweise mit der Wiedergeburt seine Ideenlehre.

Das Thema Reinkarnation erfreut sich zur Zeit wieder einiger Beliebtheit. Wie die Nahtod-Erfahrungen ist auch die Wiedergeburt zunehmend Gegenstand wissenschaftlicher Forschung. Besonders die Arbeiten von Ian Stevenson (1918-2007), Professor der Psychiatrie und Begründer der empirischen Reinkarnationsforschung, finden starke Beachtung. Er hat in fünfundvierzig Jahren die Aussagen von über 1000 Kindern, vor allem aus Indien und Sri Lanka, ausgewertet, die sich auf frühere Leben beziehen. Im Alter von etwa zwei Jahren sprachen etliche Kinder spontan von Ereignissen, die sie in ihrem jetzigen Leben nicht erlebt haben konnten. Die vielen Details passten erstaunlich genau auf zuvor Gestorbene aus der Umgebung. Auch etliche Eigenschaften, Vorlieben, Abneigungen und Verhaltensweisen der Kinder stimmten mit den Verstorbenen überein. Als einen der überzeugendsten Fälle sah Stevenson den des Sujith Lakmal Jayaratne aus Sri Lanka. Er recherchierte ein Jahr nach Bekanntwerden des Falles vor Ort. Sein Bericht umfasst einundvierzig Seiten, listet neunundfünfzig Aussagen und Wiedererkennungen und elf Verhaltensweisen des Jungen auf, die in guter Übereinstimmung mit dem sind, was man von der früheren Person in Erfahrung bringen konnte.

Sujid erzählte, dass er in Gorakana – zwölf Kilometer entfernt – gelebt hatte und als „Gorakana Sammy“ bekannt war. Anfangs wollte er auch Sammy genannt werden. Sein Vater im früheren Leben habe Jamis geheißen und nur ein Auge gehabt. Er selbst habe bei der Eisenbahn gearbeitet und Arrak (ein alkoholisches Getränk) verkauft. Mit seiner Frau Maggie habe er sich öfter gestritten. Nach einem solchen Streit sei er zu einer Boutique gegangen, um Zigaretten zu kaufen. Er habe einen Schritt auf die Straße gemacht und sei dabei von einem Lastwagen angefahren worden und kurz darauf an seinen Verletzungen gestorben. [34]

Diese und viele weitere Einzelheiten trafen tatsächlich auf einen Mann zu, der in dem angegebenen Ort gestorben war. Er kehrte angeblich sechs Monate nach seinem Tod in Gestalt von Sujid zurück.

Welche Relevanz hat das? Viele nehmen solche Geschichten als Anlass zu hoffen, dass sie wiedergeboren werden. Die Illusion des Ichs wird so weiter aufrechterhalten. Eckhart rät stattdessen: Stirb, bevor du stirbst!

Und er hat eine gut nachvollziehbare Verbindung zwischen dem Ende eines individuellen Lebens und dem überindividuellen Leben in der Evolution des Bewusstseins aufgezeigt:

„Das Bewusstsein inkarniert sich in der manifesten Dimension, anders ausgedrückt: Es wird zu Form. Dabei tritt es in einen traumähnlichen Zustand ein. Die Intelligenz bleibt erhalten, aber das Bewusstsein verliert die Bewusstheit seiner selbst. Es geht ganz in der Form auf und identifiziert sich mit ihr. Dies könnte als Herabkunft des Göttlichen in die Materie bezeichnet werden. Auf dieser Entwicklungsstufe des Universums findet die nach außen gerichtete Bewegung vollständig in dem traumähnlichen Zustand statt. Nur jeweils in dem Augenblick, in dem sich eine individuelle Form auflöst, also stirbt, kommt es zu einem flüchtigen Erwachen. Danach beginnt schon die nächste Inkarnation, die nächste Identifikation mit der Form, der nächste individuelle Traum als Teil des kollektiven Traums. Auf unserer Erde verkörpert das menschliche Ego die letzte Phase des universellen Schlafes, die Identifikation des Bewusstseins mit der Form. Das war eine notwendige Stufe in der Evolution des Bewusstseins.“ (Erde, S. 186)

34 Quelle: http://www.reinkarnation.de/html/reinkarnationsforschung_kinder2.html

TEIL 2

KAPITEL 8

Mystik: Eckhart Tolle und Meister Eckhart

„Jemand nannte mich ‚Eckhart'. Ich sah Bücher von Meister Eckhart geschrieben, und ich wusste, dass ich sie geschrieben hatte. Ich erkannte, dass dies ein Zeichen und jenes mein Name war." Diesen Traum hatte Eckhart Tolle, wie er in einem Interview erzählte, einige Jahre nach seiner Transformation. [35]

Bald darauf änderte er seinen ursprünglichen Vornamen „Ulrich Leonhard" in „Eckhart" ab, aus Wertschätzung für den deutschen Mystiker Meister Eckhart (1260-1328).

Tolle wird ebenfalls oft als Mystiker beziehungsweise als „Mystiker unserer Zeit" bezeichnet und auch von einigen mit „Meister Eckhart" angesprochen. Über diese äußerlichen Übereinstimmungen hinaus bestehen inhaltliche Ähnlichkeiten, um die es hier gehen soll. Ich glaube, diese beiden Mystiker aus verschiedenen Zeiten könnten sich in einem öffentlichen Dialog so austauschen, dass die Zuhörer beide „Meister" die Essenz ihrer Lehre besser und tiefer verstehen würden.

Zunächst kurz zum Begriff „Mystik", der sich aus den altgriechischen Wörtern für „geheimnisvoll" und für „schließen" bildete. In den Mysterienkulten von Eleusis wurden Augen und Lippen geschlossen. Mystiker und Mystikerinnen haben immer wieder betont, dass sich das, was sie erfahren haben, nicht mit Worten beschreiben oder ausdrücken lässt. Im Mittelalter war es noch durchaus üblich, schweigend, ohne Worte, zu beten. In

35 Peter Occhio Grosso in einem Artikel über das „Leben im Jetzt", veröffentlicht in der Ausgabe Juli/August 2002 des Body & Soul Magazine, zit nach A.S. Dalal, Eckhart Tolle und Sri Aurobindo, S. 97, Anm.

den Klöstern suchten die Mönche und Nonnen die „Unio Mystica“, die mystische Vereinigung mit Gott, das Erleben göttlicher Gegenwart. Nach der Reformation geriet der mystische Aspekt, die innere Stille, zunehmend in Vergessenheit, auch in der Katholischen Kirche. Das gesprochene Gebet, die Beichte, die Interpretation des „Wortes Gottes“, die Diskussion darüber stehen bis heute im Vordergrund der kirchlichen Lehre und Praxis. Zugleich wurde im 20. Jahrhundert einigen wachen Geistern klar, wie zerstörerisch der Verstand gerade in Verbindung mit Ideologien sein kann. Der Mensch benötigt die innere Stille, die Dimension der Transzendenz. In diesem Sinne verstehe ich auch Eckhart Tolles Botschaft.

Vom Geist der Armut

In der Geschichte des Christentums entbrannten immer wieder heftige Debatten um die Frage: Worauf muss jemand, der Christus nachfolgt, verzichten? Immerhin wanderte Jesus (wie Buddha) ohne Einkommen oder Besitz umher. Wer sich an materielle Güter klammerte oder gar Geschäfte im Tempel betrieb, hatte bei ihm keine guten Karten. „Eher gelangt ein Kamel durch das Nadelöhr (gemeint ist das kleine Stadttor für Fußgänger neben dem großen für Kamelkarawanen) als ein Reicher ins Himmelreich!“

Die Kirche und ihre Repräsentanten waren reich und mächtig im mittelalterlichen Europa. Wer immer sie daran erinnern wollte, dass Jesus Besitzlosigkeit lehrte, wurde als Häretiker, als Abweichler bekämpft. Franz von Assisi war eine Ausnahme. Es gelang ihm, einen eigenen Mönchsorden auf dem Grundsatz der Entsagung jeglichen Besitzes aufzubauen.

Doch Franziskus war klar: Es geht nicht darum, Reichtum abzuschaffen oder soziale Ungerechtigkeiten zu bekämpfen. Der Weg der Nachfolge Jesu ist individuell. Er bedeutet für den Einzelnen, jegliche scheinbare äußere Sicherheit loszulassen und dem göttlichen Ruf ins Unbekannte zu folgen. Bedingungslos. Das betrifft die innere Welt, die geistige Einstellung. „Selig sind, die da geistig arm sind!“, sagte Jesus in seiner Bergpredigt. Ganz im Sinne des Zen, wo der Meister seinem Gast, einem Professor, die Teetasse über den Rand vollgießt und dazu bemerkt: „So voll ist dein Kopf. Um die Wahrheit aufzunehmen, musst du leer werden!“ Je weniger Ideen und Glaubenssätze, desto besser. Zu einer solchen „Armut im Geiste“ ist das Ego grundsätzlich nicht bereit. Sie macht wirklich Angst und bedeutet die größte Herausforderung für jeden Sucher.

Eckhart Tolle hebt die Bedeutung „geistlicher Armut“ hervor:

»Selig sind, die da geistlich arm sind«, sagte Jesus, »denn ihrer ist das Himmelreich.« Was bedeutet »geistlich arm«? Keine innere Belastung, keine Identifikationen. Weder mit Dingen noch mit mentalen Konzepten, die mit einem Ichgefühl einhergehen. Und was ist das Himmelreich? Die einfache, aber tiefe Freude am Sein, die sich einstellt, wenn alle Identifikationen von uns abfallen und wir »geistlich arm« sind. …Deshalb ist das Armutsgelübde eine alte spirituelle Praxis. Das Ego neigt dazu, Haben und Sein zu verwechseln: Ich habe, darum bin ich.“ (Erde S. 31f)

Armut im Geiste, alles Wissen aufgeben, unwissend sein. Das ist das Stichwort für die christliche Mystik. Als ihr bedeutendster Vertreter gilt Meister Eckhart.

„Die nach nichts trachten, weder nach Ehren noch nach Nutzen noch nach innerer Hingabe noch nach Heiligkeit noch nach Belohnung noch nach dem Himmelreich, sondern auf dieses alles verzichtet haben, auch auf das, was das Ihrige ist, – in solchen Menschen wird Gott geehrt.“

„Alle Kreaturen sind ein reines Nichts: ich sage nicht, dass sie etwas Geringes oder überhaupt irgendetwas sind, sondern dass sie ein reines Nichts sind.“

Diese Sätze gehören zu den achtundzwanzig Sätzen Eckharts, die Papst Johannes XXII. im Jahr 1329 als häretisch erklärte. Tatsächlich sind alle Predigten von Meister Eckhart von derselben radikalen Einsicht durchzogen. Dementsprechend wurde jede weitere Veröffentlichung verboten. Die Predigten kursierten noch einige Zeit anonym. Eckharts Schüler Tauler und Seuse sorgten für einen kleinen Strom deutscher Mystik, der im Lauf der folgenden Jahrhunderte zunehmend versickerte. Erst im 19. Jahrhundert wurde Meister Eckhart wiederentdeckt.

Zu seiner Zeit waren die Menschen fasziniert von der kompromisslosen Wucht der Predigten. Das mag uns zu denken geben. Dieses Zeitalter war vielleicht nicht so dunkel, wie es seit der Epoche der Aufklärung dargestellt wird.

Meister Eckharts Predigten weisen alle auf jene „geistliche Armut“ hin, die Jesus in der Bergpredigt anspricht, auf das Loslassen von allem, was ich zu wissen glaube. Eckhart wusste sehr wohl, dass keine eigene Anstrengung, kein intellektuelles Verstehen zur höchsten Einsicht führen kann. Er predigte trotzdem. Die Gnade Gottes kann jederzeit wirken.

Predigt von der Armut

In seiner „Predigt von der Armut“ sagt Meister Eckhart, dass ein armer Mensch nichts will, nichts weiß und nichts hat. Er führt das radikal und kompromisslos aus:

„Zum ersten heißt der ein armer Mensch, der nichts will. Diesen Sinn verstehen etliche Leute nicht recht. Sie meinen, der sei ein armer Mensch, der nichts will, als den allerliebsten Willen Gottes zu erfüllen. Ein solcher Mensch hat aber nicht die Armut, von der wir reden wollen: denn er hat noch einen Willen, mit dem er dem Willen Gottes genugtun will. Und das ist nicht das Rechte. Denn wenn der Mensch wirklich arm sein will, so soll er seines geschaffenen Willens also ledig sein, wie er war, da er nicht war. Und ich sage euch bei der Ewigen Wahrheit: Solange ihr diesen Willen habt, den Willen Gottes zu erfüllen, und etwa nach der Ewigkeit und nach Gott selbst begehrt, solange seid ihr nicht recht arm. Nur der ist ein armer Mensch, der nichts will, noch erkennt, noch begehrt.“[36]

Auf den Sucher unserer Zeit übertragen, könnte das bedeuten: Suche nicht nach einem besseren oder höheren Zustand als dem, der gerade ist. Versuche nicht, dich in irgendeiner Weise zu verbessern, um der Erleuchtung oder der Gnade Gottes würdig zu sein. Tauche ein ins Nichtsein („wie du warst vor deiner Geburt“). Ohne Ich ist da keiner, der etwas will oder wollen könnte. In einer anderen Predigt sagt Meister Eckhart:

„Denn wer seinen Willen und sich selbst lässt, der hat alle Dinge so wirklich gelassen, als wenn sie sein freies Eigentum gewesen wären und er sie besessen hätte mit voller Verfügungsgewalt. Denn was du nicht begehren *willst*, das hast du alles hingegeben und gelassen um Gottes willen. Darum sprach unser Herr: »Selig sind die Armen im Geist« <Matth. 5,3>, das heißt: an Willen. Und hieran soll niemand zweifeln: Gäb‘s irgendeine bessere Weise, unser Herr hätte sie genannt, wie er ja auch sagte: »Wer mir nachfolgen will, der verleugne zuerst sich selbst« <Matth. 16,24>; daran ist alles gelegen. Richte dein Augenmerk auf dich selbst, und wo du *dich* findest, da lass von dir ab; das ist das Allerbeste.“

Für Eckhart Tolle war es ein unwillkürliches, geradezu entsetztes Loslassen seiner selbst, es geschah einfach, das falsche Selbst versank gleichsam ins Nichts, und es blieb weites Bewusstsein – ohne Ich. Das lässt sich nicht gezielt wiederholen. Doch was jedem jederzeit möglich ist: Den Zusammenhang von Wollen und Ego zu durchschauen, Tolle hat das ja vor allem in „Neue Erde“ sehr treffend an vielen Beispielen gezeigt. Wenn ich mich mit den Gedanken identifiziere, die um das kreisen, was ich habe oder sein möchte, kann das durchschaut werden. Die Identifikation ist zumindest für einen Moment durchbrochen. Das meint der mittelalterliche Meister Eckhart mit: „Lass von dir ab!“ Und der heutige Meister Tolle pflichtet bei: „Als Jesus davon sprach, dass man

---

36 Meister Eckhart, Predigt von der Armut, Kapitel 52. Quelle: http://www.eckhart.de/index.htm?p52.htm

»sich selbst verleugnen soll«, meinte auch er damit die Aufhebung der Illusion eines Ichs.“ (Erde, S. 55)

Der alte Meister Eckhart ist schwerer zu verstehen als der heutige, doch in der Essenz weist er auf dasselbe Mysterium: In der Predigt über die Armut wird das zeitlose Bewusstsein beschrieben, das ich in Wahrheit bin, noch vor der Geburt dieses Körpers: „Ich wollte nichts, ich begehrte nichts, denn ich war ein lediges Sein und ein Erkenner meiner selbst im Genuss der Wahrheit. Da wollte ich mich selbst und wollte nichts sonst; was ich wollte, das war ich, und was ich war, das wollte ich, und hier stand ich Gottes und aller Dinge ledig.“

Das zweite Kriterium für wahrhafte Armut ist Nichtwissen. „Zum andern Male ist das ein armer Mensch, der nichts weiß.“ Es gibt eine berühmte Schrift eines unbekannten Autors aus dem 14. Jahrhundert mit dem Titel „Wolke des Nichtwissens“. Darin steht die Wolke über dem Berg Sinai, wo Moses die Gebote von Gott erhielt, für das Verborgene, nicht mit dem Verstand Erfassbare der göttlichen Offenbarung. Das Werk zeigt einen mystischen, kontemplativen Weg zu Gott, der von einigen bekannten Interpreten wie Willigis Jäger mit dem Weg des Zens verglichen wird.

In diesem Sinne treffen sich Meister Eckhart und Eckhart Tolle. Der Mensch soll so ohne sein eigenes Wissen sein, „wie er‘s tat, als er (noch) nicht war, und er lasse Gott wirken, was er wolle, und der Mensch stehe ledig“. In zeitgemäßer Sprache: Ich bin so ohne Wissen, ohne Selbstbewusstsein wie als Baby, reines Bewusstsein, und es gibt keinen inneren Widerstand gegen das, was geschieht. Ein solcher Zustand lässt sich nicht vom Ich herstellen. Immerhin ist der Tiefschlaf ein Beispiel dafür, dass es sich hier nicht um eine völlig abgedrehte Metaphysik handelt. Meister Eckhart spricht aus der überpersönlichen, überrationalen Quelle und aus der Sicht des Mystikers. Für das persönliche Ich gibt es kaum etwas Schlimmeres als nichts zu wissen. Keine Kontrolle mehr! Keine Identität. Das ist der Tod des Ich.

Als „äußerste Armut“ sieht Meister Eckhart die, „dass der Mensch nichts hat“. Nur wer sich nicht an irgendeine Art von Besitz bindet, sei er materiell oder geistig (Ansehen der Person, spirituelles Wissen) hat in sich Raum für Gott. Doch selbst das kann nicht die äußerste Armut sein, solange es als „mein“ Raum (oder Bewusstsein) für die Präsenz des Göttlichen aufgefasst wird; denn da ist immer noch eine Trennung und Zweiheit von Gott und ich. „Wo der Mensch (noch) Stätte (in sich) behält, da behält er noch Unterschiedenheit.“ Viele Nonnen und Mönche haben sich sehnlichst gewünscht, eine Stätte für Gott zu sein, doch genau dieses Verlangen steht der Verschmelzung im Weg. Vollkommene Offenheit ohne jede Vorstellung von mir selbst und etwas anderem ist der Raum, in dem die *Unio Mystica* geschieht.

„Allhier findet Gott keine Stätte (mehr) in dem Menschen, denn der Mensch erringt mit dieser Armut, was er ewig gewesen ist und immerfort bleiben wird. Allhier ist Gott eins mit dem Geiste, und das ist die eigentlichste Armut, die man finden kann.“

Wenn Meister Eckhart von Gott spricht, ist nicht der persönliche Gott-Vater gemeint, wie er von der Kirche gelehrt wird. Er bezieht sich, wie Eckhart Tolle, auf eine unbeschreibliche, unfassbare Wirklichkeit in und hinter allem, was existiert.

„Man soll Gott nicht als außerhalb von einem selbst erfassen und ansehen, sondern als mein Eigen und als das, was *in* einem ist; zudem soll man nicht dienen noch wirken um irgendein Warum, weder um Gott noch um die eigene Ehre noch um irgendetwas. Manche einfältige Leute wähnen, sie sollten Gott [so] sehen, als stünde er dort und sie hier. Dem ist nicht so. Gott und ich, wir sind *eins*. Durch das Erkennen nehme ich Gott in mich hinein; durch die Liebe hingegen gehe ich in Gott ein.“ [37]

---

37 Meister Eckhart, Deutsche Predigten und Traktate, Hanser, München 1963

Gott und Ewiges Jetzt

Meister Eckhart gilt als christlicher Mystiker, Eckhart Tolle ist ein Mystiker unabhängig von einer bestimmten Religion. Manche, die sich von seinen Worten angesprochen fühlen, fragen (unter anderem in Internetforen), ob sich seine Lehre mit dem Christentum verträgt. Richard Rohr, ein bekannter amerikanischer Franziskaner-Pater, kann in dieser Hinsicht beruhigen. Tolle sei zwar kein christlicher Lehrer und er ermuntere auch nicht, an irgendetwas zu glauben (etwa an Jesus), sondern einfach zu beobachten und bestimmte Methoden auszuprobieren. Doch er erinnere die heutigen Menschen an die wertvolle, lange vergessene Praxis der Kontemplation und des Eintauchens in die Stille. „Er lehrt die innere Entwicklung und nicht eine Doktrin oder ein Dogma. Er lehrt, wie du sehen und präsent sein kannst, nicht, was du sehen solltest, wenn du präsent bist. Tolle ist unser Freund und kein Feind des Evangeliums. Für einen reifen Christen sollte es da keinen Konflikt geben.“ [38]

Zum Abschluss möge Meister Eckhart, der leidenschaftliche Prediger, noch einmal auf seine Weise den ungeheuren Wert des Jetzt, des „ewigen Nun“, gegenüber der Zeit und Vergänglichkeit preisen.

„Besäße ein Mensch ein ganzes Königreich oder alles Gut der Erde und gäbe das lauterlich um Gottes willen hin und würde der ärmsten Menschen einer, der irgendwo auf Erden lebt, und gäbe ihm dann Gott so viel zu leiden, wie er je einem Menschen gab, und litte er alles dies bis an seinen Tod, und ließe ihn dann Gott einmal nur mit einem Blick schauen, wie er in dieser Kraft ist: – seine Freude würde so groß, dass es an allem diesem Leiden und an dieser Armut immer noch zu wenig gewesen wäre. Ja, selbst wenn Gott ihm nachher nimmermehr das Himmelreich gäbe, er hätte dennoch allzu großen Lohn empfangen für alles, was er je erlitt; denn Gott ist in dieser Kraft wie in dem ewigen Nun. Wäre

38 https://www.eckharttolle.com/article/Spirituality-And-The-Christian-Tradition

der Geist allzeit mit Gott in dieser Kraft vereint, der Mensch könnte nicht altern; denn das Nun, darin Gott den ersten Menschen schuf, und das Nun, darin der letzte Mensch vergehen wird, und das Nun, darin ich spreche, die sind gleich in Gott und sind nichts als ein Nun. Nun seht, dieser Mensch wohnt in einem Lichte mit Gott; darum ist in ihm weder Leiden noch Zeitfolge, sondern eine gleich bleibende Ewigkeit. Diesem Menschen ist in Wahrheit alles Verwundern abgenommen, und alle Dinge stehen wesenhaft in ihm. Darum empfängt er nichts Neues von künftigen Dingen noch von irgendeinem »Zufall«, denn er wohnt in einem Nun, allzeit neu, ohne Unterlass. Solche göttliche Hoheit ist in dieser Kraft.“[39]

39 Meister Eckhart, Deutsche Predigten und Traktate

KAPITEL 9

Bewusstheit: Eckhart Tolle und Jiddu Krishnamurti

„Es gibt eine Wirklichkeit, die den Geist verwandelt, wenn sie ihn erfasst – man muss nicht das Geringste tun. Diese Wirklichkeit tritt in Aktion, sie wird tätig, sie hat ihre eigene Wirkungsweise. Der Geist muss sie jedoch wahrnehmen, muss sie kennen, er darf keine Vermutungen anstellen und darf sich nicht alle möglichen Vorstellungen von ihr machen. Ein Geist, der nach ihr sucht, wird sie niemals finden, aber dieser Zustand existiert zweifellos.

Wenn ich das sage, stelle ich keine Vermutungen an und spreche auch nicht von einer vergangenen Erfahrung. Es ist so. Dieser Zustand existiert. Und wenn man diesen Zustand erfährt, stellt man fest, dass alles möglich ist, denn das ist Schöpfung, das ist Liebe, das ist Mitgefühl.“ [40]

Jiddu Krishnamurti (1895-1986) zählt zu den bedeutendsten spirituellen Lehrern des 20. Jahrhunderts. Auch für Eckhart Tolle war er eine wichtige Quelle der Inspiration. So unterschiedlich die beiden als Menschen und Charaktere sind, es gibt einige beachtenswerte Gemeinsamkeiten.

Zwei Anti-Gurus

Da fällt zunächst vielleicht ihre außerordentliche Bescheidenheit im Auftreten auf. So wie Eckhart bei seinen Vorträgen vor vie-

40 Krishnamurti in der Rede am 23. Dezember 1956 in Bombay

len Menschen ganz unauffällig auf die Bühne kommt, kurz mit Namaste grüßt und dann zwei Stunden auf einem kleinen Stuhl sitzt und spontan spricht, in einem ruhigen, klaren Fluss der Worte, der aus einer überpersönlichen Quelle zu kommen scheint, so saß auch Krishnamurti noch im hohen Alter auf einem klapprigen Holzschemel mitten auf der Bühne, und man hatte den Eindruck, eine göttliche Energie wirke durch den schmächtigen, gebrechlichen Körper.

Ich war dabei, als Krishnamurti im Sommer 1983 in Saanen in der Schweiz vor gut tausend Menschen in einem Zelt sprach. Ich war damals Sannyasin von Bhagwan (später Osho), über den Krishnamurti in fast jedem seiner Vorträge schimpfte. So ließ er sich auch diesmal wütend über den Guru mit dem Rauschebart und den rauschenden Gewändern aus. Ich hatte meine Eindrücke damals in einem Tagebuch so formuliert:

„Die kleine, dürre Gestalt auf dem Stuhl verblüffte, ja schockierte mich. Sie wirkte wie eine Marionette, deren ruckhafte, energische Armbewegungen irgendwie aus der Luft gelenkt zu sein schienen. Dass sich das Zentrum des Wesens nicht im Körper befand, war so auffällig, dass ich unwillkürlich im Raum herumsah, um die Marionettenfäden zu entdecken. Der Vortrag war so zermürbend intensiv, dass ich nach einer halben Stunde gegen eine bleierne Müdigkeit ankämpfen musste. Es war ein sehr beeindruckendes Erlebnis, und ich bedankte mich im Stillen bei Krishnamurti.“ [41]

Was ich damals erlebte, könnte die enorme überpersönliche Präsenz gewesen sein, die wie ein Energiefeld über und hinter dem Körper von Krishnamurti zu sein schien. In jedem Fall war deutlich, dass der Redner – er sprach von sich nur in der dritten Person als „dem Redner“ – nicht mit dem Körper oder irgendwelchen Worten identifiziert war.

Damit ist bereits eine der wichtigsten inhaltlichen Übereinstim-

---

41 Christian Salvesen: Sex, Haschisch und Erleuchtung. Ein Liebesroman. tao.de, Bielefeld 2014, S. 337

mungen zwischen Eckhart Tolle und Jiddu Krishnamurti angesprochen: Es geht um die Auflösung der Identifikation mit dem persönlichen Ich durch Achtsamkeit und Gegenwärtigsein. Allerdings ist der Rahmen ganz verschieden, in welchem auf diese Möglichkeit der Selbstbefreiung gezeigt wird.

Das Gefäß des Maitreya

Krishnamurti war von der Theosophischen Gesellschaft auf eine ganz besondere Aufgabe vorbereitet worden. Er sollte gleichsam das Gefäß für den erwarteten Weltlehrer Buddha Maitreya sein – und er schien dafür wie geschaffen, mit seinem reinen Wesen, den großen, strahlenden Augen, den markanten, schönen Gesichtszügen, seiner enormen geistigen Klarheit und Intelligenz und seiner unbedingten Bereitschaft zur Hingabe. Schon als Junge hatte Krishnamurti Visionen von dem Gott Krishna, später bei den Theosophen von dem „aufgestiegenen Meister Kuthumi" und in den Zwanzigerjahren zunehmend von Buddha Maitreya. Er war medial begabt und hinterließ bei vielen den Eindruck, dass ein höheres Geistwesen durch ihn spräche. Er war auch selbst davon überzeugt, „dass ich diese leuchtende Flamme bin, die von der Herrlichkeit des Lebens kündet. Diese Flamme, zu der alle Menschen kommen müssen, jeder Einzelne, die ganze Welt." [42]

Doch als es schließlich am 3. August 1929 zur offiziellen, feierlichen Verkündigung vor der versammelten Theosophen-Prominenz kommen sollte, dass Krishnamurti nun endgültig Werkzeug des Maitreya sei, erklärte er kurzerhand die Auflösung des „Sternenordens", der eigens für sein Wirken gegründet worden war. In seiner berühmten Rede an diesem Tag sagte er, dass es für ihn weder Meister noch Schüler gäbe, dass er nicht als Gefäß für irgendein höheres Wesen zur Verfügung stehe, dass er die

42 Emily Lutyens, Krishnamurti, S. 172, zit. nach Peter Michel, Krishnamurti – ein Mensch der Zukunft, Grafing 2007, S. 57

Menschen befreien wolle, wozu auch das Hinterfragen jeglicher Autorität und Dogmen gehöre. „Ich behaupte, dass die Wahrheit ein pfadloses Land ist, und Sie können sich ihr auf keinem Pfad nähern, durch keine Religion, keine Sekte. (…) Sobald Sie einem Menschen folgen, hören Sie auf, der Wahrheit zu folgen.“ [43]

Ein Lied im Herzen

Es ist bei Krishnamurti eine ganz andere Geschichte als bei Eckhart Tolle. Dessen Erwachen war relativ einfach, auch wenn er selbst lange nicht begriff, was geschehen war. Das kleine Ich war weg, der Gedankenstrom stark reduziert, Stille und Gelassenheit waren vorherrschend. Es wurde keine Trennung mehr wahrgenommen. Krishnamurti dagegen wurde von Kindheit an mit so ziemlich allen spirituellen Erfahrungen überschüttet, die in Verbindung mit Erleuchtung überliefert sind. Wie es scheint, hielt die Transformation, die „der Prozess“ genannt wurde, bis ins Alter an. Phasenweise ging es anscheinend um das Aufsteigen der sogenannten Kundalini-Energie, was unter anderem mit starken Kopfschmerzen verbunden war. Was bei Eckhart Tolle in einer Nacht geschah, zog sich für Krishnamurti womöglich durch unterschiedliche Phasen über viele Jahrzehnte hin, verbunden mit großen Schwankungen zwischen Ekstase und Erschöpfung. Doch beide sprechen von und aus der Quelle der einen überpersönlichen Wirklichkeit, jenseits der Worte und Gedanken.

Ich möchte noch auf einige weitere Ähnlichkeiten und Unterschiede eingehen. Beide sind in gewisser Weise „Weltlehrer“, waren beziehungsweise sind weltweit unterwegs mit Vorträgen und Workshops, um den Menschen zu helfen, aufzuwachen und sich von der Tyrannei des Ego-Verstandes zu befreien. Beide haben stets betont, dass sie keine Gurus sein wollen, haben jede Form von Verehrung und Personenkult von sich gewiesen und kritisiert.

43 Das Krishnamurti-Buch, Frankfurt 1999, S. 21, zit. nach Michel, S. 57 f.

Die Wahrheit und Befreiung kann jeder nur in sich selbst finden. Insofern gibt es einen Weg, nämlich den der Selbsterforschung. Doch dieser Weg ist für jeden anders und nicht vorgegeben. Beide befürworten eine spirituelle Praxis, die in jedem Moment des Lebens stattfindet und nicht nur für eine bestimmte Zeit am Tag als „Meditation“ durchgeführt wird. Es ist eine natürliche Achtsamkeit und Gegenwärtigkeit im Jetzt.

Eckhart Tolle sieht sich durchaus als spiritueller Lehrer, Krishnamurti formuliert ein etwas anderes Verständnis seiner Rolle: „Wenn Sie etwas ganz klar erkennen, möchten Sie dann nicht diese Klarheit mit anderen teilen? Ich rede nicht, um anderen zu helfen. Das wäre zu gönnerhaft. Ich rede einfach, weil ein Lied in meinem Herzen singt. Und ich singe, egal ob mir jemand zuhören will.“[44]

Andererseits soll Krishnamurti sich öfter darüber beschwert haben, dass seit Jahrzehnten immer dieselben Leute bei seinen Vorträgen in der ersten Reihe sitzen und offensichtlich nichts verstanden haben. In einem Interview, das er 1983 Paul L. Montgomery von der „New York Times“ gab, antwortete er auf die Frage, ob er die Menschen in ihrer Art irgendwie verändert habe: „Ein wenig, mein Herr, aber nicht viel.“ (Michel, S. 99)

Aus einer starken inneren Abneigung gegen Dogmen und Autoritäten heraus war Krishnamurtis Verhältnis zu seiner Rolle als Lehrer komplizierter als bei Eckhart Tolle. Er wirkte zu einer anderen Zeit, als eine von bestimmten Religionen und Autoritäten unabhängige Spiritualität so gut wie unbekannt war. Tolles Worte fielen von Anfang an auf gut vorbereiteten Boden. Doch Tatsache ist: Beide sind Lehrer mit einer Botschaft. Sie weisen auf eine Wahrheit oder Wirklichkeit, die es zu entdecken und zu erkennen gilt. Sie drängen darauf, Eckhart stärker noch als Krishnamurti, dass jeder Mensch die Aufgabe der Selbsterforschung hat, im Dienste eines besseren Lebens auf der Erde oder gar einer Evolution des Bewusstseins. Zugleich soll der Meisterschlüssel zum Erwachen oder zur Befreiung die völlige Akzeptanz dessen sein,

44 Weeraperuma, Begegnungen, S. 40, zit nach Michel, S. 94

was ist. Eckhart Tolle stellt gerade in diesem Punkt eine Übereinstimmung mit Krishnamurti fest:

„Krishnamurti, der große indische Philosoph und spirituelle Lehrer, hat über fünfzig Jahre lang die Welt bereist und Vorträge gehalten, um durch Worte – also durch Inhalte – das zu erklären, was über den Inhalt hinausgeht und mit Worten nicht zu erfassen ist. In seinen letzten Lebensjahren überraschte er bei einem seiner Vorträge die Zuhörer mit der Frage: »Wollt ihr mein Geheimnis wissen?« Alle wurden hellwach und spitzten die Ohren. Viele kamen schon seit zwanzig oder dreißig Jahren zu seinen Vorträgen, ohne den Kern seiner Lehre je begriffen zu haben. Nach all diesen Jahren wollte ihnen der Meister nun endlich den Schlüssel zur Erkenntnis geben! »Dies ist mein Geheimnis«, sagte Krishnamurti. »Ich habe nichts gegen das, was geschieht.«

Mehr sagte er nicht, und ich vermute, dass seine Zuhörer danach noch verwirrter waren als vorher. Diese schlichte Feststellung hat jedoch eine weitreichende Bedeutung.

„Wenn ich nichts gegen das habe, was geschieht, was heißt das? Es heißt, dass ich innerlich mit dem übereinstimme, was geschieht. »Was geschieht« ist natürlich das Sosein des gegenwärtigen Augenblicks, der immer schon so ist, wie er ist." (Erde, 129 f.)

Vollkommene Akzeptanz

An diesem Punkt gibt es von einigen Autoren Kritik – wie zum Beispiel von dem amerikanischen Soziologen Ron Gardner, der zwei Bücher über Eckhart Tolle geschrieben hat und sich nach eigener Aussage gut auskennt in diversen spirituellen Traditionen. Er meint, es sei heuchlerisch, von den Schülern Hingabe an das, was ist, zu fordern, wenn man zugleich selbst jede Menge Vorbehalte habe – gegen die Gesellschaft, die Medien, die allgemeine Unbewusstheit usw. [45]

45 Vgl. http://www.electricalspirituality.com/eckhart-tolle-j-krishnamurti-and-what-is/

Nun gibt es sicher etliche kritische Äußerungen von Tolle und Krishnamurti bezüglich des Zustandes dieser Welt – schließlich soll sich ja etwas verändern. Das widerspricht aber nicht der für jeden erfahrbaren Tatsache, dass ich weniger unglücklich bin, wenn ich den Moment einfach so wahrnehme, wie er ist. Es werden gewiss immer wieder innere Widerstände auftauchen, was ganz menschlich ist und womöglich auch einem Tolle oder Krishnamurti widerfährt. Doch das wird eben auch wahrgenommen. Es gehört dazu – zu dem, was ist.

Anders wäre die Situation – und die Kritik treffender – würden sich die beiden Lehrer ausdrücklich als Vorbilder präsentieren und im religiösen Gestus sagen: „Akzeptiere bedingungslos, was ist, so wie ich es tue. Folge mir nach!" Es mag Anhänger geben, die ihre Lehrer so missverstehen. Auch wenn mir scheint, dass Krishnamurti versuchte zu leben, was er lehrte – und den Eindruck habe ich auch bei Eckhart Tolle – kann ich nicht erkennen, inwiefern sie sich selbst – mit ihrem individuellen Leben – zum Maßstab für die Wahrheit oder Praktizierbarkeit ihrer Lehren gemacht hätten. Im Gegenteil: Schaue nicht auf mich, schaue in dich! Das ist die Devise.

Ein anderer Punkt, den Ron Gardner kritisch anspricht, betrifft Krishnamurtis Begriff der Gnade beziehungsweise der Segnung (*Benediction*), den Eckhart Tolle angeblich ignoriere, obwohl er sich doch mit dem „Notizbuch" befasst habe, wo dieser Begriff auftauche. Erst die Gnade einer höchsten Kraft ermögliche es dem Menschen, die Wirklichkeit so zu sehen und anzunehmen, wie sie ist.

Gardner: „‚Going with the flow' bedeutet nicht, dass man der Existenz keinen Widerstand mehr leistet oder bestimmte Aspekte nicht mehr kritisiert; es bedeutet einfach, dass man in dem „Strom von oben" ruht und dem Leben aus einer vom Spirit unterstützten Position oder Haltung begegnet." (Gardner, Quelle)

Das ist möglicherweise ein Punkt, wo sich Krishnamurti und Tolle unterscheiden, doch sehe ich darin keinen Grund für eine

Kritik an Tolle. Für die Annahme einer höchsten Wesenheit – womit Krishnamurti ja seine einschlägige Erfahrungen gemacht hatte – besteht keine Notwendigkeit. Die Kraft, jede Situation so wahr- und anzunehmen, wie sie ist, kommt aus der Bewusstheit, aus dem einen unendlichen Bewusstsein, das uns in jedem Moment erkennen und leben lässt.

Ein Vogelruf

Eckhart Tolle hat einige der Eintragungen, die Jiddu Krishnamurti ab Juni 1961 bis März 1962 in ein Notizbuch gemacht hat, vorgelesen und kommentiert. Man kann das auf *YouTube* sehen. Eckhart sagt zu Beginn, dass dieses Buch, „Krishnamurti's Notebook", eines von nur drei Büchern sei, die Krishnamurti selbst geschrieben habe. Alles andere seien Transkriptionen seiner Vorträge.

„Es sind Eintragungen, wie Krishnamurti die Natur erlebt, und zwar Natur wahrgenommen durch seinen Bewusstseinszustand der Stille. So dass euch diese kurzen Passagen, wenn ich sie nun vorlese, auch in die Stille führen können. Es ist eine Einladung an uns, in eben jenen Bewusstseinszustand einzutauchen, in welchem er wahrnahm, was er beschrieb."[46]

Mary Lutyens schreibt im Vorwort zu Krishnamurti's Notizbuch:

„In diesen einzigartigen täglichen Aufzeichnungen finden wir das, was man als den Urquell von Krishnamurtis Lehre bezeichnen kann. Hier haben wir die ganze Essenz seiner Lehre, wie sie aus ihrer natürlichen Quelle emporsteigt. So wie er selbst auf diesen Seiten schreibt, »jedes Mal ist etwas ›Neues‹ in diesem Segen, eine ›neue‹ Qualität, ein ›neuer‹ Duft, und doch ist er unveränderlich«, so ist die Lehre, die ihr entspringt, niemals ganz die gleiche, obwohl sie oft wiederholt wird. Ebenso sind die Bäume, Berge,

46 Eckhart Tolle Reads Two Passages from Krishnamurti's Notebook. Eckhart Tolle TV, https://www.youtube.com/watch?v=CR2bwQUc090

Flüsse, Wolken, Sonne, Vögel und Blumen, die er wieder und wieder beschreibt, immer wieder »neu«, denn jedes Mal werden sie mit Augen betrachtet, die sich nie an sie gewöhnt haben. Jeden Tag sind sie für ihn eine völlig neue Wahrnehmung, und so werden sie es auch für uns."[47]

Doch zurück zu Eckhart Tolle und seiner Lesung:

„Krishnamurti wachte oft mitten in der Nacht auf, so gegen 4 oder 4.30 Uhr und war dann vollkommen präsent, nahm einfach nur wahr, was da geschah, manchmal eine Stunde ohne jeden Gedanken" (Eckhart demonstriert die Haltung wachen Lauschens durch einen erwartungsvollen Gesichtsausdruck mit besonderen Augenbewegungen). „Hier ist eine Beschreibung, was geschah, nachdem Krishnamurti vom Schrei eines Vogels geweckt worden war."

Eckhart Tolle liest aus dem Englischen Original (ich verwende die deutsche Übersetzung), hält gelegentlich inne, macht einen kurzen Kommentar, der manchmal nur aus einem Gesichtsausdruck oder eine Geste besteht.

„Es war lange vor der Dämmerung, als der scharfe Schrei eines Vogels die Nacht für einen Augenblick weckte, und das Licht dieses Schreis verblich."

Eckhart hält inne und wiederholt die Worte „das Licht dieses Schreis verblich" mit einem Gesichtsausdruck, der zu sagen scheint: Hört mal, welche eine Poesie! Nochmal liest er die beiden ersten Zeilen, macht einen Vogelschrei nach und deutet mit der Hand an, wie der Schrei verhallt.

„Und die Bäume blieben dunkel, unbeweglich, verflüchtigten sich in der Luft; es war eine milde, ruhige Nacht, unendlich lebendig; sie war wach, da war Bewegung; da war eine verborgene Erregung im tiefsten Schweigen. Selbst das Dorf nebenan, mit seinen vielen Hunden, die immer bellten, war ruhig. Es war eine seltsame Stille, ungeheuer stark, zerstörerisch lebendig. Sie war so lebendig und still, dass du fürchtetest, dich zu bewegen; so

47 Krishnamurti, Das Notizbuch, Grafing 2014, S. 12f.

erstarrte dein Körper in Unbeweglichkeit, und das Gehirn, das von dem scharfen Schrei des Vogels aufgewacht war, war still geworden, hochsensibel. Es war eine strahlende Nacht mit den Sternen in einem wolkenlosen Himmel; sie schienen so nah, und das Kreuz des Südens stand gerade über den Bäumen, funkelnd in der warmen Luft." (Notizbuch, S. 288)

Eckhart bleibt einige Sekunden still, bewegt seine Augen, als würden die Worte noch im Raum nachklingen, und sagt dann: „Das war offensichtlich irgendwo in Indien." Das Lesen sei nicht nur eine Einladung, in den achtsamen Bewusstseinszustand des Autors einzutauchen, sondern auch eine Anregung, grundsätzlich im Leben mehr auf die kleinen Dinge zu achten und das Wunder wahrzunehmen, das sich in jedem Ding verbirgt. Eckhart schaut herunter auf das Buch in seinen Händen, lässt sich Zeit, eine weitere Stelle zu finden. Darin liegt eine angenehme, unaufdringliche Ruhe, die einen nicht ungeduldig werden lässt, sondern zur eigenen inneren Entspannung beiträgt.

„Nun eine kurze Beschreibung des inneren Zustands, der Voraussetzung ist dafür, die Dinge als stets neu wahrzunehmen." Er beginnt zu lesen:

„„...dazu brauchte man ein sehr fein empfindendes, waches Gehirn." Kommentar Eckhart: „Er nennt es Gehirn, er hätte auch Verstand (mind) oder Bewusstsein (consciousness) sagen können" – „ein sehr fein empfindendes, waches Gehirn, das gänzlich, bereitwillig und mühelos sein Geschwätz (von Vernunft und Nicht-Vernunft – von Eckhart weggelassen) beendete. Es war sehr still geworden, es sah und hörte, ohne zu interpretieren, ohne zu klassifizieren; es war ganz still geworden; und niemand war da, und nichts war notwendig, um es zum Schweigen zu bringen. Das Gehirn war ganz still und ganz lebendig. Das Grenzenlose erfüllte die Nacht, und es war Glückseligkeit." (Notizbuch, S. 83)

Damit endet das *YouTube*-Video. Die Notizen von Krishnamurti sind jeweils nach dem Datum geordnet und meist weniger als eine Seite lang. Beim ersten Zitat hat Eckhart das Ende der

Eintragung weggelassen, beim zweiten den Halbsatz davor. Beide ausgelassenen Passagen behandeln das Thema „Meditation“.

Hier zunächst der eigentliche Anfang der zweiten Textstelle:

„Nicht Meditation war es, welche die Wirklichkeit zum Vorschein brachte; nichts kann sie hervorrufen; sie war da, trotz Meditation, doch dazu brauchte man ein sehr fein empfindendes, waches Gehirn.“ (Notizbuch S. 83)

Und bei der ersten Textstelle geht die Tagebuchnotiz so zu Ende:

„Alles war ganz ruhig. Die Meditation geschieht nie in der Zeit; Zeit kann keine Mutation bewirken; sie kann Veränderung bewirken, die wiederum verändert werden muss, wie alle Reformen; Meditation, die der Zeit entspringt, ist immer bindend, es gibt keine Freiheit in ihr, und ohne Freiheit gibt es immer Wahl und Konflikt.“ (Notizbuch, S. 288)

Eckhart wollte auf den ganz praktischen Aspekt hinaus, wie die Beschreibung von Natur, wahrgenommen von einem wachen, erwachten Bewusstsein, den Leser oder Hörer in die Gegenwart ziehen kann. Das ist Kunst im wahren Sinne. Doch es ist ja nicht zufällig, dass Krishnamurti an diesen Stellen von Meditation spricht. Es wurde ihm von verschiedener Seite vorgeworfen, dass bei ihm Meditation nicht wie sonst üblich als spirituelle Praxis, als Weg zur Befreiung gilt, sondern als Ziel, als Vollendung der Suche. Sie ist nicht etwas, was man gelegentlich für eine bestimmte Zeitdauer macht, sondern reines Gewahrsein vor jeder Zeit.

In den Tagebuch-Aufzeichnungen findet sich der Begriff Gehirn (brain) übrigens sehr oft. Hier ist eine weitere aufschlussreiche Stelle:

„Die Stille des Gehirns, bei äußerster Sensibilität, ist wesentlich: Nur dann kann das Denken sich entwirren und zu Ende gehen. Das Enden des Denkens ist nicht Tod; nur dann kann Unschuld, Frische da sein; eine neue Qualität des Denkens. Es ist diese Qualität, die Leid und Verzweiflung ein Ende setzt.“ (Notizbuch, S. 124)

Im Zusammenhang mit dem geheimnisvollen Segen beziehungsweise der „Segnung“ (*Benediction*) heißt es:

„Der Raum wurde voll von diesem Segen. Was nun folgt, ist fast unmöglich in Worte zu fassen; Worte sind solch tote Dinge, mit genau festgelegter Bedeutung, und was vorging, war jenseits aller Worte und Beschreibung. Es war der Mittelpunkt aller Schöpfung, es war ein läuternder Ernst, der das Gehirn von jedem Gedanken und Gefühl reinigte; sein Ernst war wie ein Blitzschlag, der zerstört und verbrennt: seine Tiefe war nicht messbar, sie war unbeweglich da, undurchdringlich, eine Dichte, die leicht war wie der Himmel.“ (Notizbuch, S. 40)

Es würde zu weit führen, hier tiefer in das Denken und die Sprache von Jiddu Krishnamurti vorzudringen – das bräuchte mindestens ein ganzes Buch. Doch zweifellos hat Eckhart Tolle den Geist dieses großartigen Menschen verinnerlicht. In einem *YouTube*-Video mit dem bezeichnenden Titel „The Power of Now“ sagt Krishnamurti in einem seiner letzten Vorträge: „Sicherheit gibt es nur im Verstehen, dass alle Zeit im Jetzt ist. Das Jetzt ist die letzte und äußerste Sicherheit.“

KAPITEL 10

Nur die Angst stirbt – eine Hommage an Barry Long

Eckhart Tolle war in den Achtzigerjahren öfter bei den Gesprächen beziehungsweise „Meetings“, die der australische spirituelle Lehrer Barry Long (1926-2003) in London im Rahmen kleiner Gruppen abhielt. In einem Interview mit Daniel Parker, das auch auf *YouTube* zu sehen ist, bestätigt Eckhart, dass er von Barry Long wichtige Anregungen erhalten habe. Er lobt ihn als einen starken Meister, der als Löwe (im Sternzeichen) auch nach außen Power zeigte.

Ich habe Barry Long und seine sehr vielschichtige und ganz eigene Lehre als sein Schüler zwischen 1991 und 1996 kennen gelernt. Jeder, der sich mit der Lehre von Barry Long und mit der von Eckhart Tolle befasst, erkennt leicht die Ähnlichkeit in zentralen Aspekten. Ich erwähne hier nur einige in Stichpunkten:

Die Vergangenheit sitzt als „Schmerzball“ im Körper und kann durch Hinspüren aufgelöst werden. Gedanken können angehalten werden, indem ich die Aufmerksamkeit auf die Körperempfindungen richte. Wenn ich tiefer in das Empfinden eintauche – Barry Long nannte das „Going into Me“ –, spüre ich hin zur reinen Quelle des Seins. Dieses Bewusstsein kann ich auch mit geöffneten Augen aufrechterhalten. Hingabe an das, was ist, bedeutet die Aufgabe des falschen Ich und ist der Schlüssel zur Erleuchtung.

Weitere Ähnlichkeiten und verwandte Sichtweisen werden im folgenden Abschnitt deutlich. Barry Long betonte stets, dass die Lehre nicht ihm gehöre und jeder sie verwenden und vermitteln dürfe, der sie in sich realisiert habe. Die ganze Art, wie Eckhart

Tolle auftritt und auf Fragen eingeht, lässt keinen Zweifel, dass er authentisch ist und aus eigener Autorität heraus spricht. Er wirkt allerdings viel bescheidener, demütiger und sanfter als Barry Long, der sich selbst als „Meister des Westens“ bezeichnete.

Wie ich mich vom Unglücklichsein befreie

„Sei still und wisse, dass ich Gott bin.
Denn ich bin Gott, der lebendige Geist der Erde,
die von der Welt in Deinem Inneren verdeckt ist.
Wenn Du mich in Deiner Stille erkennst,
bist Du eins mit der Freude des Lebens auf der Erde
und eins mit mir.“

Diese Worte entstammen nicht etwa dem Alten Testament, sondern dem Buch „Nur die Angst stirbt“ von Barry Long. Sein „Buch der Befreiung“ – so lautet der Untertitel – soll den Lesern eine praktische Hilfe bieten, sich „vom Unglücklichsein zu befreien“. Es ist allerdings weder ein therapeutischer Ratgeber für Menschen mit schweren Depressionen noch ein Wegweiser zu Glück und Erfolg. Welche Bedeutung Barry Long der Befreiung, um die es hier geht, beimisst, zeigen die folgenden zwei Sätze:

„Befreiung oder Erleuchtung muss an irgendeinem wesentlichen oder bedeutsamen Merkmal erkennbar sein, und das Einzige, was von keinem intelligenten Menschen missinterpretiert werden kann, ist die Freiheit vom Unglück. Wenn Sie sich anschauen, was alle Propheten seit Beginn der Zeit gesagt haben, werden Sie feststellen, dass all deren Lehren, richtig verstanden, immer auf die gleiche Botschaft hinauslaufen: Lebe die Wahrheit und du wirst frei von Unglück sein.“ [48]

Die „Befreiung vom Unglücklich sein“ kommt ohne traditio-

48 Barry Long: Nur die Angst stirbt. Ein Buch der Befreiung. J. Kamphausen, Bielefeld 1996, im Folgenden zitiert unter „Befreiung“

nelle spirituelle Praktiken wie Yoga, Zen-Meditation oder Schamanismus aus. Gefragt ist stattdessen zum Beispiel Ehrlichkeit sich selbst und dem Partner gegenüber. „Ein Intelligenztest. Bitte stellen Sie sich einmal folgende Frage: Möchte ich mit jemandem zusammen sein, mit jemandem leben oder jemanden lieben, der ständig launisch, mürrisch, ärgerlich oder deprimiert ist? Falls die Antwort „Nein“ lautet, stellt sich als Nächstes die Frage: Wieso glaube ich, dass irgendjemand mit mir zusammen sein möchte, wenn ich diese Emotionen ausstrahle?“ (Befreiung, S. 24)

Eine andere praktische Übung, die zur Befreiung vom Unglücklichsein vorgeschlagen wird, betrifft den Umgang mit der Vergangenheit: Aufhören, darüber zu reden. Leichter gesagt als getan. Man muss zunächst einmal verstehen, warum das überhaupt wichtig sein soll. Es ist wohl ohne weiteres einzusehen, dass unangenehme Emotionen hochkommen können, wenn die Vergangenheit beschworen wird. Aber auch das Schwelgen in schönen Erinnerungen macht – wenn überhaupt – nur vorübergehend glücklich. Die Kehrseite stellt sich bald ein. „Heute glücklich, morgen unglücklich – das ist normal. Und genau das ist Unglück.“

Woher kommt dieses Unglück. Wie und wo zeigt es sich? Wie kann ich mich davon innerlich befreien? Das sind die Hauptfragen des *Buches der Befreiung*. Metaphysische Dimensionen eröffnen sich, wenn Barry Long das Unglück als „Alien“, als eine der Erde im Grunde fremde übersinnliche Macht beschreibt, von der alle Menschen besessen sind; oder wenn er mit geradezu unheimlicher Genauigkeit Zustände im „Leben nach dem körperlichen Tod“ darstellt. Dabei wird klar, warum die gängige Reinkarnationstheorie falsch ist: Mit dem Körper stirbt das unglückliche Selbst, also genau das, was um Identität bangt. Tod und Wiedergeburt sind immer jetzt, und letztlich stirbt nur die Angst.

In den praktischen Übungen und Ratschlägen des Buches schwingt die Lebensweisheit eines Mannes, der für seine spirituelle Suche Familie und Karriere aufgab, um sich dann als „Erleuchteter“ weiterhin den Herausforderungen des alltäglichen Lebens zu stellen – in Partnerschaft, Erziehung und Beruf. Seine Anleitungen, wie Eltern und Kinder sich gemeinsam von negativen Emotionen befreien können, zählen zum Tiefgreifendsten, was bisher im Rahmen spiritueller Kindeserziehung geschrieben wurde. Ebenso unter die Haut geht seine schonungslose Analyse der Massenmedien, deren „unglückliche“ Strukturen und Mechanismen er als ehemaliger Chefredakteur einer großen Tageszeitung „vor Ort“ und „live“ kennengelernt hat.

Der Meister

Die Lehre von der Befreiung vom Unglück kommt nach Aussage ihres Verkünders aus einer zeitlosen inneren Quelle des Wissens und der Wahrheit. Aus dieser Quelle leitet sich der Anspruch ab, nicht nur ein spiritueller Lehrer, sondern ein „lebender Meister“ zu sein. Zugleich ist die Lehre aber auch mit der Person und dem individuellen Leben des Lehrers verknüpft. So kann sich der Fokus ändern. Ging es von 1968 bis 1982 in einem kleinen Kreis von Suchern noch darum, den Verstand durch Verstehen zu meistern (vorgeführt im Buch: „Meditation. Ein Grundkurs“), so standen später, als die Auditorien größer wurden, vor allem zwei Punkte auf dem Programm: *Das eigene Leben in Ordnung bringen* und *In Stille sein.* Beim ersten Thema stellten die Teilnehmer Fragen zu persönlichen Problemen, woraus sich intensive Dialoge ergeben konnten. In einem solchen Rahmen, nämlich auf dem Wochenendseminar 1991 in Frankfurt, hatte ich meinen ersten direkten Kontakt mit Barry Long.

Der Australier passte nicht gerade in meine Schablone von einem „erleuchteten Meister“. Mit dem knallgrünen Halstuch, dem blauen Uniformhemd und den kurzen Hosen sah er eher aus wie ein pensionierter Pfadfinder. Er sprach meist schnell und schien manchmal sogar aufgebracht oder wütend, während sich seine Augen ständig hin- und her bewegten, so als wollte er das Publikum in Schach halten. Tatsächlich war dieses Meeting im Vergleich zu den Seminaren, die ich in den folgenden Jahren miterlebte, recht unruhig und spannungsgeladen.

„Ich zähle jetzt einige Bereiche aus eurem alltäglichen Leben auf, und wenn ihr in einem Bereich Probleme habt, wenn da etwas nicht in Ordnung ist, wird sich das unmittelbar in einem unangenehmen Gefühl im Bauch zeigen: Partner, Ex-Partner, Eltern, Kinder, Arbeit, Wohnung... Hat sich etwas geregt? Um mich vom Unglücklichsein zu befreien, muss ich mich mit der Situation auseinandersetzen, die mich emotional und unglücklich macht. In ihr spiegeln sich die ungelösten Probleme der Vergangenheit."

Wer sich zu Wort meldete, diente mit „seinem Fall" zugleich allen anderen als Beispiel. Meist ging es um eine emotional belastete Beziehung. Als Lösung schlug Barry Long dann oft das „intelligente Gespräch" vor. Es ist auf eine ehrliche Kommunikation angelegt, die auf Vorwürfe und Beschuldigungen verzichtet.

Im Gegensatz zu den mir bekannten Therapieformen werden hier weder Emotionen ausagiert noch seelische Wunden durch Imagination oder irgendeine „Reise in die Vergangenheit" geheilt. Sie werden als körperliche Empfindung gespürt und in der inneren Stille gehalten, so dass die Gedanken aufhören oder gar nicht erst angeregt werden. Was hier wirkt, ist eine bewusste Präsenz, die sich im Laufe der Jahre zunehmend entwickelt.

Unsterblichkeit und Jetzt – Ein Gespräch im Biergarten

In Frankfurt wurde mir ein Interview bewilligt, das im Rahmen einer kleinen Gesprächsrunde während der Mittagspause stattfinden sollte. Wir saßen an einem groben Holztisch in einem Biergarten. Kinder kreischten, Gläser klirrten, Vögel zwitscherten – es war ein herrlicher Spätsommertag. „Willst du die Wahrheit oder nur eine gute Story?“, erwiderte Barry Long auf meine erste Frage, die sich auf seine „Erkenntnis der Unsterblichkeit“ bezog. Jemand aus der Gruppe lachte, wohlwissend, dass Barry Interviews in der Regel ablehnte. „Nun, ich beginne mit der Wahrheit. Die Frage war: ‘Habe ich Unsterblichkeit erfahren?’ Und die Antwort ist: ‘Hat irgendjemand jemals den Tod erfahren?’ Was ist also so überraschend daran, wenn jemand erklärt, er habe Unsterblichkeit realisiert? Wir mögen alle eine gute Story und der Tod ist eine, aber das ist nicht die Wahrheit, verstehst du? Niemand hat bisher seinen Tod erfahren, das heißt: Jeder müsste eigentlich wie ich seine Unsterblichkeit erkannt haben, denn es hat bisher keinen Moment gegeben, wo ich nicht existierte. Und zur Story: Ja, ich habe in Indien am Fuße des Himalaya erkannt, dass ich als Teil der Natur ebenso unsterblich bin wie sie. Die Natur hat ihre Jahreszeiten, aber sie stirbt nicht. Sie lebt immer weiter – und ich auch. Wir sind in unserer Gesellschaft so sehr konditioniert, an den Tod zu glauben. Plötzlich zu erkennen, dass es keinen Tod gibt, weil ich ein Sohn dieser Erde bin, das ist einfach überwältigend.“

Aus dem Interview wurde sehr bald ein persönliches Gespräch, das mein eigenes Leben betraf. Ich war später selbst überrascht, wie unbekümmert ich über die Dinge reden konnte, die mir schon lange auf dem Herzen lagen. Zwischendurch fragte er: „Wie fühlst du dich jetzt?“ „Okay“, meinte ich, „aber es kann natürlich immer noch besser sein!“ „Nein, nein, nein. Du solltest das nicht tun!“, beschwor er mich in einem freundlichen, beinahe väterlichen Ton. „Alles ist gut, wie es ist, jetzt!“

Damit hatte er den vielleicht wichtigsten Punkt überhaupt angesprochen. Bisher hatte ich angenommen, Erleuchtete lebten in einem unvorstellbaren Zustand von Glückseligkeit, und wer in ihrer Nähe ist, würde von Energie- oder Wonneschauern durchflutet. Ich fühlte mich aber völlig normal. Das konnte doch nicht genug sein, oder? Da musste es doch mehr geben! Aber genau diese Erwartungshaltung erzeugt ja erst die Probleme, die beim einfachen „Gewöhnlichsein“ nicht aufkommen. War das vielleicht der Grund, warum Barry Long nie vom Erreichen eines besonderen Zustands sprach, sondern immer nur davon, jetzt keine Probleme zu haben, jetzt nicht unglücklich, besorgt oder gedankenverloren zu sein? Nun, dann traf jetzt auf mich zu, worum es in seiner Lehre ging: Ich war frei vom Unglücklichsein. Eigentlich nichts Besonderes. „Doch wie lange bleibt das so...?“ fragte eine Stimme im Kopf.

Jeder weiß, dass der altbekannte gute Rat „Sei ganz entspannt im Hier und Jetzt“ keinesfalls leicht zu befolgen ist. Gedanken und Gefühle scheinen mich ständig aus dem gegenwärtigen Moment herauszuziehen. Entdecke ich jedoch, dass sie nur eine äußere Schicht darstellen, unter der sich eine feine, gleichbleibend gute Empfindung verbirgt, ändert sich gleichsam die ganze Perspektive. Ich kann dann jederzeit dort hinspüren, in die Tiefe des Seins, das ohne emotionales Auf und Ab unveränderlich und unbegreiflich gegenwärtig ist. In den Jahren ab 1993 leitete Barry Long in seinen Seminaren, die nun „Kurs im Sein“ hießen, gezielt dazu an, dieses Sein bewusst zu erleben. In immer neuen Variationen beschreibt er ein Eintauchen ins Innere, ein „In-mich-gehen“, das alle zugleich mitvollziehen. Er kann dabei in einer allgemeingültigen Weise von „ich“ und „mir“ reden, weil es nicht darum geht, Gedanken oder Gefühle zu beobachten, die zwangsläufig bei jedem anders sind. Jenseits davon ist mein Wesen als reines Sein. Und das Wunder ist: Alle sind in ihrem Wesen gleich. Hier eine kleine Kostprobe aus einem Seminarmitschnitt:

Ich gehe „in mich“

„Schließt die Augen. Nehmt all eure Intelligenz zusammen und schaut tief hinein ins Innere des Körpers. Was ihr als Erstes seht ist... nichts. Erstaunlich! Es ist dunkel, aber es ist nichts. Und es ist still. Nun benutze ich die andere Möglichkeit meiner intelligenten Wahrnehmung, und ich empfinde ein Wohlsein. Dieses Wohlgefühl ist in jedem Geschöpf auf der Erde. Das ist die Tiefe des erfahrenden Seins, welches ich bin – der Fluss des Lebens, der einströmt, noch bevor er in die Sinne gelangt. Je länger ich an diesem Punkt bleiben und von der Quelle des Lebens in mir trinken kann, desto mehr bin ich erfüllt von dieser außergewöhnlichen Energie, die mein Sein ausmacht.

Nun bitte ich euch, während ihr zugleich an diesem Punkt im Inneren bleibt, hinauf zu reisen in die Existenz, indem ihr die Augen öffnet. Ihr kommt in die gespaltene Welt, wo sich das Leben in verschiedenen Körpern und Dingen ausdrückt und manifestiert. Ihr werdet bemerken, dass alles aus dem inneren Punkt heraus entsteht; denn wenn sich meine Augen, Ohren und alle anderen Sinne nicht mehr öffneten, dann gäbe es nichts von dieser äußeren Welt. Sie würde für immer verschwinden. Alles kommt aus diesem Punkt, mit dem ihr in Berührung seid. Es geht darum, gleichzeitig außerhalb der Existenz und in ihr zu sein. Das ist das Geheimnis."

Nach einer solchen Anleitung kamen manchmal Fragen von Teilnehmern, die bestimmte Punkte nicht nachvollziehen konnten. Die Dunkelheit erschien manchen eher als Flimmern, statt nichts waren da Gedanken und Bilder, und anstelle eines Wohlgefühls empfanden sie Schmerzen. Sollte es sich bei diesem reinen Sein vielleicht doch nur um einen Sonderstatus für Auserwählte oder gar um eine Idealvorstellung handeln? Derartige Zweifel können aufkommen. Nicht ohne Grund wird das „In-mich-Gehen" geübt, um eben jene Wirklichkeit, die in der Stille unter der Schicht der Gedanken und Emotionen verborgen liegt, immer mehr als das eigene wahre Wesen zu erfahren.

Was bedeutet eigentlich „ich"?

Kehren wir noch einmal zurück zum Eingangszitat. Es begann mit den Worten: „Sei still und wisse, dass ich Gott bin." Auch die Propheten im Alten Testament sprechen von einem Gott, der sich selbst in Ich-Form zu erkennen gibt. „Ich bin der Herr, dein Gott!" „Ich bin, der (das) Ich Bin." Wo ist dieses Ich? Wir haben sicher schon von spirituellen Lehrern Sätze gehört wie: „Die Wahrheit und der wahre Meister sind nicht außerhalb, sondern in dir!" Hat das die bleibende Erkenntnis ausgelöst: „Ja, richtig, ich bin die Wahrheit, ich bin der Meister und das Leben, ich bin eins mit Gott"? Vermutlich nicht. Stattdessen reden und denken wir weiterhin von uns selbst in der üblichen Weise: „Gestern war ich besonders wütend", „Ich bin Optimist", „Ich bin sehr beschäftigt". Das Wort „ich" wird automatisch mit Dingen oder Eigenschaften verbunden, die sich dauernd ändern. Sagt jemand: „Ich bin heute dreißig geworden und sehr glücklich" sehen wir verständlicherweise keinen Grund, das auch auf uns zu beziehen. Das ist seine Sache. Genauso verhalten wir uns aber auch bei einem Ausspruch wie: „Ich bin der Weg, die Wahrheit und das Leben." In beiden Fällen wird das jeweilige Ich, von dem die Rede ist, zu einem Objekt gemacht. Ich selbst kann damit nicht gemeint sein.

„Der Verstand ist seit deiner Geburt darauf trainiert worden, objektiv zu sein und nur nach außen zu sehen. Er ist programmiert worden, das Subjekt zu ignorieren oder zu vermeiden", sagt Barry Long auf der Hörkassette „Who I Am". Nach verschiedenen Übungen mit der Frage „Wer bin ich?" spricht er direkt die Ebene an, auf der es nur das eine, universelle Ich gibt. „Wenn ich 'ich' sage, projiziere dein Ich nicht auf mich, den Sprecher – mache Ich nicht zum Objekt. Ich ist ausschließlich in dem Körper, der jetzt diese Worte hört oder liest. Ich bin das Eine und Einzige, was als „die Vielen" erscheint. Ich komme von innen, vor jeglichem Objekt oder Körper. Seit Anbeginn der Zeit bin ich bestrebt, von innen in diesen und in jeden Körper zu kommen und ihn von meiner außergewöhnlichen Präsenz zu unterrichten."

Beim wiederholten Hören der Kassette und auch danach kamen Momente, in denen sich mir die Wahrheit dieser Sätze plötzlich offenbarte. Es war tatsächlich so, als würde ich von innen von einem neuen, unbekannten Wesen überflutet. Noch Minuten später erschien jeder Gedanke als etwas Fremdes, und normale Sätze wie: „Ich wollte heute den Artikel fertig schreiben" klangen irgendwie unsinnig. Das Wort „ich" hatte eine völlig neue Bedeutung bekommen, die sich allerdings im Laufe der Zeit zu verflüchtigen schien. Doch immerhin war die Selbstverständlichkeit, mit der ich alles plante, machte und erlebte, vorübergehend infrage gestellt. Es kam mir vor, als würde alles ohne mein Zutun, ja sogar ohne Ich geschehen. Mir wurde klar, dass ich mich von der normalen Ebene aus nicht einfach für oder gegen diese erstaunliche unpersönliche Präsenz entscheiden konnte. Sie wurde auch nicht herbeigerufen oder aktiviert, indem ich eine neue Sprechweise einübte und möglichst oft „Ich bin Gott" sagte. Dennoch: Ich habe erfahren, dass es diese Präsenz gibt und sie jederzeit spontan zum Durchbruch kommen kann.

Welt und Erde

„Denn ich bin Gott, der lebendige Geist der Erde,
die von der Welt in Deinem Inneren verdeckt ist."

Normalerweise unterscheiden wir nicht klar zwischen Welt und Erde. Ein Kind kommt zur Welt, ein neuer Erdenbürger ist geboren oder jemand reist um die Welt. Im „Buch der Befreiung" wird das Verhältnis zwischen Erde und Welt gleich zu Beginn definiert: „Es gibt keine Probleme auf der Erde. Die Erde ist wunderschön und voller Freude, kosmisch und ewig. Die Welt hingegen ist das unselige Produkt des Menschen, das er der Erde übergestülpt hat. Die Welt besteht aus nichts anderem als seinen Problemen." Die Erde ist das Sinnbild für unsere wahre Natur, die Welt repräsentiert das persönliche, unglückliche Selbst mit seinen Sorgen, Ängsten, Wünschen und Hoffnungen. Wie sich das Verhältnis zwischen diesen beiden Ebenen global entwickelt hat, lässt sich unschwer erkennen: Die Welt droht, die Erde zu vernichten, nicht zuletzt durch die Gier, die sich im sogenannten „technischen Fortschritt" ausdrückt. Entscheidend ist jedoch, wie sich das Verhältnis von Welt und Erde in meinem individuellen Leben darstellt. Auch das ist leicht zu erkennen: Je weniger unglücklich ich bin, desto weniger hänge ich an der Welt – und umgekehrt. Das bedeutet nicht Weltflucht. Tatsächlich erfahre ich persönlich mit Erstaunen, wie meine beruflichen Aufgaben ständig wachsen und die Probleme zugleich verschwinden. Ein Spaziergang in der Natur ist mir zwar wichtiger als ein Kinobesuch, aber darin sehe ich kein Problem, solange es noch ein Stück Natur gibt.

„Was du wertschätzt und anerkennst, wird dir das Leben gewähren" – einer jener einfachen Grundsätze, die Barry Long offensichtlich mit Erfolg praktiziert hat. Vom Tamborine Mountain, wo er zwischen 1986 und 1990 mit seiner damaligen Frau Kathryn und deren Sohn Simon wohnte, hat man über Regenwälder hinweg einen herrlichen Blick auf die nahegelegene Gold Coast im Osten und die höher liegende Gebirgskette der Border Ranges im Westen. Auf den Kassetten, die er jeden Monat auf seiner Veranda aufnahm und die als Serie „Talks from Tamborine Mountain" veröffentlicht wurden, spricht er über alle Themen des spirituellen Lebens. Im Hintergrund zwitschert, piept, zetert, zirpt, flüstert, gluckert und rauscht die Natur in Tönen, die für europäische Ohren oft fremdartig und geheimnisvoll klingen. Manchmal bezieht sich Barry Long direkt auf die Naturgeräusche: „Ah – da ist wieder der Whipbird mit seinem langen Pfeifton und dem Peitschenknall. Hörst du das?"

Mastersession

Eine ähnliche Atmosphäre bietet die alljährliche 17-tägige „Mastersession“ live. Sie findet fünfzig Kilometer südlich von der Gold Coast in einem Scoutcamp statt, das von unberührter Natur umgeben ist. Etwa 300 Frauen und Männer jeden Alters und einige Kinder versammeln sich zu den täglichen zweistündigen Meetings im großen weißen Zelt. Die Hälfte von ihnen ist aus Europa und Amerika angereist, die andere aus ganz Australien und Neuseeland. Die vegetarischen Mahlzeiten werden gemeinsam unter freiem Himmel genossen. Die Gespräche haben einen erfreulich ungekünstelten Charakter. Barry Long setzt sich oft mit dazu, oder man trifft ihn in Badehosen am nahegelegenen See. Manches, was mir in Europa an ihm eigenartig erschien, etwa die kurzen Hosen und die direkte, offene Art zu reden, ist mir inzwischen als „typisch australisch“ vertraut. Der Typ des Intellektuellen scheint wohl in Europa weitaus gängiger zu sein als hier, wo gerade die ältere Generation noch so etwas wie Siedler- und Pioniergeist ausstrahlt.

Als ich meine geheime Bewunderung für diese selbstsichere Art zum Ausdruck brachte, winkte Barry lachend ab: „Das ist auch nur eine Maske der Persönlichkeit.“ Als „doppelter Löwe“ weiß er ein Lied vom Drang zur Bühne und zum Dramatischen zu singen; und manchmal singt er tatsächlich eines seiner eigenen Lieder oder spielt eine Szene seines Lebens nach. „Und dann senkte sich dieses riesige Quallenwesen aus der anderen Dimension über unser Ehebett. Meine Frau konnte es ebenfalls spüren. Ich begab mich auf die übersinnliche Ebene und rief mit donnernder Stimme: ‘Hebe dich hinweg, körperloser Dämon!’ Aber es klang in Wirklichkeit wohl eher wie ‘h-h-h-e-e-e-b-b-b-e-e-e -...“ und seine dramatisch vibrierende Stimme wurde von seinem eigenem und dem Gelächter des Publikums unterbrochen.

Es ist also genug Platz für Lachen und Heiterkeit. Das geschieht so natürlich und spontan wie der Auftritt jenes schwarzweiß gefiederten großen Vogels, der eines Tages ins Zelt hüpfte und sich schließlich direkt vor Barry auf den Mikrophonständer setzte, um die Szene neugierig zu beäugen. Ein anderes Mal lenkte ein ein Meter langes Reptil die Aufmerksamkeit auf sich. Wer wollte, konnte nach draußen laufen und sich das Urtier von Nahem anschauen. Auch die leider recht selten gewordenen Koalas sind auf diesem Camp noch Stammgäste, ebenso die kleinen Wallabi-Kängururuhs. Die Natur ist hier weit mehr als nur der äußere Rahmen des Seminars. Als Spiegel der selbstlosen Stille, als Erde, die sonst meist unter der Welt verborgen liegt, gehört sie ganz wesentlich zur Lehre. Diese Lehre praktiziert übrigens jeder für sich oder im Zusammenleben mit seinem Partner. Es gibt keine Kommune oder Ashrams. Das Barry Long Centre in Australien und die Barry Long Foundation in England haben eine rein organisatorische Funktion und werden von wenigen bezahlten Mitarbeitern unterhalten.

Während der Mastersession 1995 liefen viele Meetings ohne Barry Long, weil er krank war. Wir hörten Kassetten-Mitschnitte von den letzten Seminaren und vergaßen in der Stille bald, dass der Sprecher nicht wie üblich vorne auf seinem Stuhl saß. War er dann anwesend, fragte er nach „guten Neuigkeiten". „Es wird Zeit, dass wir mit den Fragen zu persönlichen Problemen aufhören. Ich bin lange genug darauf eingegangen. Erzählt lieber, was gut ist in eurem Leben." Die Aufforderung erwies sich als voller Erfolg. Einige Frauen und Männer stellten sogar überzeugend dar, dass sie die Wahrheit oder die Unsterblichkeit realisiert und sich vom Unglücklichsein befreit hatten. Auch mir bestätigte Barry „Du hast es", nachdem ich ihm beschrieb, dass ich mich eins fühle mit dem subtilen, wie Nichts erscheinenden, gleichbleibenden Grundgefühl von Sein.

Das Interview

Im März 1996 habe ich Barry Long per Fax einige allgemein gehaltene Fragen gestellt. Seine Antworten sollen als abschließende Zusammenfassung dienen.

Was bleibt von mir übrig, wenn ich körperlich gestorben bin? Hört dann die Empfindung des Seins, die ich jetzt in meinem Körper erlebe, auf?
Ja. Mit dem Tod des Körpers sterben auch die Sinne und alles Empfinden endet. Übrig bleiben vitales Sein und Bewusstsein, die das Leben ausmachen. Auf der Erde zu leben, erfordert einen Körper, das Leben selbst ist jedoch nicht von einem Körper abhängig. Zieht es sich aus dem Körper zurück, wird er als das gesehen, was er immer war: Ein erstaunlicher Mechanismus oder Roboter, der sich zwar selbst reparieren kann, aber ohne jedes eigene Leben ist. Was als Leben erschien, kam aus dem inneren Leben – dem vitalen Sein. Leben, vitales Sein oder Bewusstsein ist das, was übrigbleibt. Ist das Leben davon befreit, einen bestimmten Körper aufrechterhalten zu müssen, dann tritt es ein in das umfassende Bewusstsein allen Lebens. Wenn man so darüber spricht, werden leider, genau wie beim Reden über Erleuchtung, Begriffe und Vorstellungen erweckt, die sich um diesen Zustand drehen, aber nicht aus ihm selbst kommen. Das Leben nach dem Tod reicht pyramidenförmig von einem weiteren Traum bis in die Wirklichkeit. Es gibt ein *Überleben* nach dem Tod, ein *Leben nach* dem Tod und ein *Leben jenseits* des Todes. Der Tod ist ein Mysterium, das unbegreiflich bleiben muss, solange dieser Zustand nicht erfahren und erkannt wird, sei es während man noch im Körper lebt, sei es im Zeitpunkt des Todes selbst.

Reicht die Liebe zwischen Mann und Frau über den Körper und den physischen Tod hinaus? Wie hängt diese Liebe mit Selbstverwirklichung und der höchsten Wahrheit zusammen?

Die erste Frage beantworte ich mit Ja. Der Körper ist nur ein Instrument der Liebe und des Seins. Was immer geschieht, besonders wenn es mit der Liebe und dem, was richtig und gut ist, zu tun hat, hat seine Wirklichkeit im Inneren. Die Liebe zwischen Mann und Frau ist die Essenz der Liebe auf der Erde, und als göttliche Vereinigung ruht diese Essenz im Inneren. Anders gesagt, die Vereinigung ist bereits innen geschehen, sonst wären wir gar nicht in der Lage, sie hier auf der Erde zu erfahren. Das ist ja gerade der Sinn und Zweck hinter all unserem Handeln und Tun: Im Körper zu realisieren, was im göttlichen Geist bereits geschehen ist. Selbstverwirklichung muss übrigens von Gott-Verwirklichung unterschieden werden. Gott-Verwirklichung, das Höchste, ist die Erkenntnis der Quelle der Liebe und Wahrheit, der Quelle von allem. Ohne jene mystische Vereinigung, in der die Liebe zwischen Mann und Frau im Innersten des Körpers erfahren wird, ist die höchste Verwirklichung unvollständig – jedenfalls da, wo ich herkomme.

Wer oder was ist der Meister?
Der Meister ist das Meister-Bewusstsein. Das Meister-Bewusstsein ist ein Zustand Gottes, des Allerhöchsten tief im Inneren der menschlichen Psyche. Die Verwirklichung dieses Zustandes erschafft einen lebenden Meister. Ein lebender Meister kann an der authentischen Ursprünglichkeit seiner Lehre von Wahrheit und Liebe erkannt werden.

Barry, was ist der zentrale Punkt in deiner Lehre?
Frei von Unglück zu sein, das heißt, frei zu sein von Launen, Ärger, Groll, Zweifel, Angst, Schuldgefühlen und Sorgen. Ich lehre, dass du niemals unglücklich zu sein brauchst. Du denkst nur, du müsstest unglücklich sein. Schwierigkeiten lassen sich zwar nicht verhindern; machst du aber aus einer schwierigen Situation ein Problem, indem du darüber nachdenkst oder redest, dann regst du dich auf, machst dir Sorgen und wirst emotional – eben unglücklich. Statt deine Zeit damit zu verschwenden, dich in Emotionen zu ergehen,

sei sachlich. Schau, was getan werden kann, wie du am besten vorgehst, und dann tue es. Aber denke nicht über dein Vorgehen nach, sonst entstehen nur Befürchtungen und du schiebst die Sache auf. Falls du nichts tun kannst, lasse die Situation so sein, wie sie ist, bis du klarer siehst. (Ich sagte „sehen" und nicht „denken"!). Hast du dann gehandelt, schaue nicht zurück, denke nicht darüber nach, was du getan hast, sonst wirst du wieder unglücklich. Ich schlage außerdem vor, dass du in Bezug auf dein eigenes Leben nie wieder das Wort „Problem" verwendest. Du wirst dich wundern, wie das deine bisherige Art zu denken und das Leben zu sehen verändert.

Kann es überhaupt einen spirituellen Weg, eine Methode oder eine Lehre geben, wenn Wahrheit immer jetzt ist?
Es gibt keinen spirituellen Weg zur Wahrheit oder zu Gott und auch keine Methode des Erreichens. Beides braucht Zeit und kann von daher nicht jetzt sein. Aber es gibt eine Lehre der Wahrheit, nämlich diese Lehre, die jetzt wirkt. Die Lehre besteht in Folgendem: Um frei zu sein, müssen zwei Dinge zugleich getan werden – und zwar jetzt. Zum einen musst du jetzt aufhören, über die Vergangenheit nachzudenken oder zu reden. Nicht morgen, sondern in diesem Moment, jetzt. Jeder Moment ist jetzt. Du kannst nur jetzt über die Vergangenheit reden oder nachdenken. Wenn du also jetzt nicht darüber nachdenkst oder sprichst, bleibt das auch so, und Gedanken können dich nicht mehr stören. Zum anderen ist da deine emotionale Vergangenheit, die ebenfalls jetzt ausgelöscht werden muss: All die Verbitterung, Verletztheit, der Kummer und die negative Konditionierung, die, wie du glaubst, von deinen Eltern, Partnern und anderen herrührt. Die Menschen erkennen nicht, dass sie nur deshalb denken und grübeln müssen, weil sie ihre vergangenen Emotionen aufbewahren. Um jetzt mit diesem Denken aufzuhören, musst du nicht nur ein paar Emotionen in deiner Datenbank löschen, sondern den ganzen traurigen Haufen. Das wird jetzt erledigt, und zwar durch einen einzigen, unmittelbaren Akt, in welchem du allem und jedem in deiner Vergangenheit vergibst und zugleich Gott oder dem

Leben gegenüber anerkennst, wie wunderbar dein Leben bisher gewesen ist, wie sich alles richtig gefügt hat, wie gut die Menschen zu dir waren und wie dankbar du bist, dass du jetzt keine Vergangenheit hast, über die du reden musst; denn über das, was gut und richtig ist, muss man weder reden noch nachdenken. Darin liegt kein auf die Zukunft ausgerichteter Weg und auch keine zukunftsorientierte Methode. Es ist nur eine einfache Lehre, wie man die Wahrheit jetzt lebt oder ist.

Was ich ausgeführt habe, bedeutet eine Negation. Es geht darum, dein Selbst, das einzige Hindernis bei der Erkenntnis Gottes oder der Verwirklichung des Seins, jetzt und in jedem Moment zu „entmanteln". Es gibt dabei nichts zu lernen, zu erinnern oder zu üben. Du tust oder bist es einfach, jetzt. Nicht, weil es dir jemand gesagt hat, sondern weil du weißt, daß es richtig ist. Es ist alles eine Frage der Bereitschaft, jetzt, in diesem Moment, nichts zu sein, jetzt entschlossen die Verantwortung für dein unglückliches, negatives Selbst zu übernehmen und jetzt kein Stückchen davon in dir zu tragen.

Was ist Erleuchtung?

Erleuchtung ist ein Wort, das unerleuchtete Leute erfunden haben. Erleuchtet zu sein, bedeutet einfach, jetzt und in jedem Moment frei von Unglück zu sein. Es ist der natürliche Zustand des Lebens auf der Erde. Lebst du jedoch wie die meisten Menschen, die Unglücklichsein für natürlich halten, ein unnatürliches Leben, dann beginnst du, über Erleuchtung nachzudenken und ziehst sie als möglichen Ausweg aus deinem Unglücklichsein in Betracht. Der Unterschied zwischen Erleuchtung und erleuchtet sein ist erheblich. Jeder kann über Erleuchtung reden und seine Gedanken dazu zum Besten geben. Solches Gerede füllt Bände und hat kein Ende. Erleuchtet zu *sein* dagegen heißt, direktes, unmittelbares inneres Wissen von Liebe, Leben, Wahrheit, Tod und Gott zu haben. Es spricht für sich selbst und ist das Ende des Unglücklichseins.

KAPITEL 11

Bewusstsein im Fokus der Forschung

Bewusstsein (*consciousness*) ist ein zentraler Begriff in Eckhart Tolles Lehre. Er bedeutet das, was jetzt wahrnimmt, nicht das, was wahrgenommen wird. Gedanken und Gefühle – und ich als Person – sind nur Inhalte des Bewusstseins, nicht das Bewusstsein selbst. Als reines Bewusstsein – von allen Inhalten abgesehen – ist es überindividuell und unpersönlich, universell. Das, was alle Erscheinungen ermöglicht wie eine Art endloser geistiger Raum. Bewusstsein als das Unbegreifliche, Unfassbare, was selbst nie zum Objekt wird – wurde in der westlichen Philosophie des Idealismus als das „Transzendentale Subjekt" bezeichnet, in der indisch-vedischen Philosophie als Brahman, meist mit „Selbst" übersetzt. Christliche Mystiker wie Meister Eckhart sagten dafür „Gottheit".

Es ist einerseits transzendent und unabhängig von allem, was erscheint und existiert; andererseits bin ich das, jetzt. Es lässt mich diese Zeilen lesen.

Was ist Bewusstsein?

Ich möchte dieses eigentümliche Bewusstsein jetzt einmal unabhängig von Eckhart Tolles Lehre betrachten. Von führenden Wissenschaftlern und Philosophen unserer Zeit wird dies als die wichtigste Frage überhaupt eingestuft: Was ist Bewusstsein? Wie kommt es zustande? Wie ist es möglich, dass in einer Welt von Molekülen und Schwingungen, wie sie die Physiker darstellen, ein

Subjekt mit einem Innenleben, mit Wahrnehmungen und Gefühlen auftaucht? Physiker, Mathematiker, Informatiker, Neurologen, Biologen, Chemiker, Psychologen, Philosophen und weiter spezialisierte Forscher wie Neurobiologen, Neurochemiker, Neuropsychologen – fragen heute interdisziplinär: Was ist Bewusstsein?

Der Begriff „Bewusstsein" ist in die deutsche Sprache von Christian Wolff im 18. Jahrhundert als Lehnwort vom Lateinischen „conscientia" eingeführt worden. Ursprünglich bedeutete es eher „Gewissen", wurde aber von René Descartes auch im Sinne von Selbstreflexion verwendet. In jedem Fall ist es ein philosophischer Begriff. Kein Bürger oder Bauer sprach vor 200 Jahren von „seinem Bewusstsein". Bis heute stellt der Begriff (im angelsächsischen Sprachgebrauch „consciousness") eine Art Brücke zwischen Philosophie und Naturwissenschaften dar. Er umgeht die theologisch befrachteten Begriffe „Geist" und „Seele". Dennoch bleibt es schwierig, Bewusstsein zu definieren. Es gibt so viele, ja eigentlich alle Bereiche unseres Lebens, wo Bewusstsein eine wesentliche Rolle spielt.

In der Medizin: Jemand fällt um und scheint „bewusstlos". Der Notdienst wird gerufen. Der Patient reagiert nicht auf Impulse von außen. Er ist „bewusstlos", „ohne Bewusstsein", gleichsam weg. Das kann in einem Koma noch Tage oder Jahre so weitergehen. Doch ob er wirklich nichts mehr wahrnimmt, ist eine andere Frage. Etliche Koma-Patienten haben nach ihrer „Wiedererweckung" berichtet, dass sie vieles bewusst wahrgenommen hatten. Sie vermochten bestimmte Situationen so beschreiben, wie nur sie sie erlebt haben konnten. Hier erweist sich das Bewusstsein als Mysterium. Auch Menschen, die als klinisch tot galten und wieder ins Leben zurückkamen, berichten davon, wie sie über ihrem Krankenbett schwebten und ihren Körper dort unten liegen sahen, dann in einen Tunnel gezogen wurden, wo am Ende ein herrliches, erlösendes Licht strahlte. Die Nahtod-Forschung von Elisabeth Kübler-Ross scheint zu belegen, dass Bewusstsein unabhängig von der Materie und vom Gehirn existiert.

Die wissenschaftliche Forschung versucht, alle nur möglichen Aspekte und Fragen zu berücksichtigen, und sie muss vor allem immer verifizierbare, in wiederholten Experimenten bestätigte Ergebnisse liefern. Hier zeichnen sich bereits zwei ganz unterschiedliche Wege des Zugangs zum Bewusstsein ab. Der eine ist von innen. Wer jemals ein Nahtod-Erlebnis oder eine tiefe Meditationserfahrung hatte, weiß einfach, dass er unsterbliches Bewusstsein ist. Was da im Gehirn abläuft, interessiert ihn nur am Rande. Seine Erfahrung muss nicht wiederholt werden und wird durch keine noch so überzeugende wissenschaftliche Studie erschüttert. Die Erlebnisqualität ist einfach völlig anders als alles, was Gehirnforscher messen können.

Was ist Bewusstsein? Fragen wir weiter!

Philosophie und Neurowissenschaft

„Das Problem des Bewusstseins bildet heute – vielleicht zusammen mit der Frage nach der Entstehung unseres Universums – die äußerste Grenze des menschlichen Strebens nach Erkenntnis.“[49]

So schreibt Prof. Thomas Metzinger, ein heutiger Philosoph, der sich intensiv mit der Gehirnforschung auseinandersetzt.

Gottfried Wilhelm Leibniz (1646-1716) beschreibt in seiner „Monadologie“ (§17) eine riesige, begehbare Nachbildung des Gehirns und erklärt:

„[...] so wird man bei ihrer Besichtigung nichts als gewisse Stücke, deren eines an das andere stößt, niemals aber etwas antreffen, woraus man eine Perception oder Empfindung erklären könnte.“

Die Gehirnforscher sehen und messen heute Gehirnströme, sie „begehen“ das Gehirn. Doch natürlich können sie die beobachteten Neuronenblitze nicht selbst empfinden. Von außen betrachtet, ist alles Erleben anders als von innen erfahren. Das ist eines

49 Thomas Metzinger, Das Problem des Bewusstseins, Quelle: http://www.philosophie.uni-mainz.de/metzinger/publikationen/1995e.html

der Geheimnisse des Bewusstseins. Niemand kann wissen, wie ich Schmerz empfinde oder die Farbe Blau. Obwohl es die Worte „Schmerz“ und „blau“ gibt. Die Erlebnisqualität, sie wird auch als „phänomenaler Gehalt“ bezeichnet, ist subjektiv. Sie gehört zu jenen mysteriösen und sperrigen Eigenschaften („qualia“), die sich weder in den Schwingungen der Physiker noch in den Neuronen der Gehirnforscher finden lassen. Sie lassen sich auch nicht physikalisch oder neurologisch definieren oder erklären. Deshalb gibt es bisher auch keine umfassende, objektive Theorie des Bewusstseins.

Eine andere grundlegende Eigenschaft des Bewusstseins ist die Intentionalität, die Bezogenheit auf Objekte. Auch sie ist bisher naturwissenschaftlich nicht zu erklären. Wenn ich zum Beispiel an meinen verstorbenen Vater denke – wo ist der im Gehirn oder in der physikalischen Welt zu finden? Oder wenn ich glaube, dass die Welt eine Scheibe ist? Was immer ich annehme, kann in unserem alltäglichen Verständnis problemlos als wahr oder falsch erkannt werden. Doch für Physiker oder Neurologen ist das ein Problem. Ob der Inhalt eines Gedankens oder Satzes wahr oder falsch ist, lässt sich bisher nicht an Gehirnströmen messen; und das gilt für Bedeutung – alles, was ich meine, denke oder sage – überhaupt.

Eigenschaften des phänomenalen Bewusstseins

Thomas Metzinger beschreibt drei wesentliche Eigenschaften des Bewusstseins, die sich bisher einer objektiven Theorie entziehen.

Transparenz

Wir erleben unser Bewusstsein als „durchsichtig“, als eine Art Raum, der wir selbst sind und in dem wir alles erfahren. Metzinger schreibt: „Wir haben eben gerade nicht das Gefühl, in einem dreidimensionalen Film oder in einem inneren Darstellungsraum zu leben: In Standardsituationen spielt sich unser bewusstes Leben immer in der Welt ab. Wir erleben unseren Bewusstseinsraum nicht als einen von unserem Gehirn erzeugten Cyberspace, sondern ganz einfach als die Wirklichkeit, mit der wir auf natürliche und unproblematische Weise in Berührung sind. In Standardsituationen sind uns die Inhalte des puren Erlebens direkt und unmittelbar gegeben. Genau in diesem Sinne kann man sagen: Sie sind uns unendlich nah. Diese unendliche Nähe ist das erste phänomenologische Hauptmerkmal von Bewusstsein."

Perspektivität

Das zweite Hauptmerkmal des phänomenalen Bewusstseins ist, laut Metzinger, dass alles Erleben unmittelbar für ein Ich, für mich, gegeben ist. Das ist natürlich eine Perspektive, und nicht nur irgendeine, sondern die Perspektive überhaupt.

„Unser Bewusstsein ist ein zentriertes Bewusstsein, weil es fast immer einen Mittelpunkt besitzt. Der Mittelpunkt, der Fokus des Bewusstseins, sind wir selbst. Vor allen intellektuellen Operationen „haben" wir uns bereits, wir sind immer schon mit uns selbst vertraut." (Metzinger, Bewusstsein)

Dies kann „Innerlichkeit" oder „Subjektivität" genannt werden, in jedem Fall sperrt sich diese Eigenschaft vehement gegen die Forderung der Naturwissenschaften, alles Subjektive auszuschließen und nur objektive Fakten gelten zu lassen. Doch eine „ernst zu nehmende" allgemeine Theorie des Bewusstseins darf diese Eigenschaft – laut Metzinger – nicht ignorieren.

Gegenwärtigkeit

Das dritte Merkmal ist besonders schwer zu fassen, weil es so nahe liegt. Was immer wir erleben, hat die Qualität von „Jetzt". Gerade diese Eigenschaft können Physiker und Gehirnforscher gar nicht einordnen. Metzinger vertritt die Auffassung:

„Sowohl ich selbst als auch die Welt um mich herum sind – in jedem einzelnen Augenblick – phänomenal präsent, das heißt: gegenwärtig. Und auch hier gilt wieder, dass zunächst nichts unproblematischer und selbstverständlicher sein könnte als die Präsenz meiner Wirklichkeit. Auch sie ist – aus der Perspektive der ersten Person – transparent. Die bewusste Gegenwart ist uns unendlich nah."

Nun ist aber eben gerade dieses scheinbar unbezweifelbare Gefühl von „Jetzt" manipulierbar. Neurologen können durch gezielte Stimulation des Gehirns in mir den Eindruck erwecken, dass jetzt etwas geschieht, was tatsächlich gar nicht stattfindet; und es gibt etliche Fälle von Patienten, die aufgrund eines Gehirnschadens das, was sie zu erleben meinen, gar nicht wahrnehmen können, sondern sich nachweislich „zusammenfabulieren". Die Gehirnforschung scheint immer deutlicher zeigen zu können, dass Transparenz, Perspektivität und Präsenz, Eigenschaften des Bewusstseins, die wir als selbstverständlich erleben, Selbsttäuschungen sind. Das wird nun für Metzinger zu einer Grundfrage:

„Bei näherem Hinsehen wird unser eigenes Bewusstsein zu etwas Rätselhaftem und Mysteriösen. Die Innenperspektive gerät heute zunehmend in einen Konflikt mit der Außenperspektive. Durch die Fortschritte der wissenschaftlichen Erforschung des Bewusstseins werden wir in unserer geistigen Intimsphäre berührt, weil durch die aus der Dritte-Person-Perspektive operierende Wissenschaft nun auf einmal die Transparenz unseres Bewusstseinsraums und damit im Grunde die Autorität der Erste-Person-Perspektive überhaupt infrage gestellt werden." (Metzinger, a.a.O.)

Alles ist Bewusstsein

Doch genau an diesem Punkt können und sollten wir „Halt!" rufen. Wie Metzinger ganz richtig sagt: Wir sind Bewusstsein. So wenig wir uns von anderen Menschen vorschreiben lassen, wie wir zu fühlen, zu leben, zu sein haben, so wenig lassen wir uns von Neurologen diktieren, wer wir sind. Vielleicht sollten wir einmal fragen, was die Voraussetzung dafür ist, dass so etwas wie ein Gehirn überhaupt erscheinen kann? Ist es das Gehirn selbst? Das mögen etliche Gehirnforscher behaupten. Doch worauf basiert diese Behauptung? Auf Beobachtung, auf einem bewussten Erlebnis. Es scheint zunächst wie bei der Frage: Was war zuerst, das Huhn oder das Ei? Aber bei jeder genauen Nachforschung landen wir schließlich beim Bewusstsein, beim Akt des Forschens, und nicht beim Gehirn. Dies ist und bleibt Objekt.

In diesem Sinne meint Prof. Dr. Giulio Tononi, Kognitionsforscher an der University of Madison in Wisconsin:

„Philosophen und Hirnforscher fragen sich schon seit längerer Zeit, wie eine Handvoll Hirnmaterie subjektive Empfindungen hervorzubringen vermag. Dieses Problem ist unlösbar, solange man versucht, den Geist aus der Physik herzuleiten. Ich glaube vielmehr, dass das Bewusstsein das unmittelbar Gegebene ist, während sich die physikalische Welt erst aus unserer bewussten Wahrnehmung ableitet. Darin folge ich dem Philosophen Arthur Schopenhauer, der erkannte, dass ein Materialist, der versucht, das unmittelbar Gegebene aus dem mittelbar Gegebenen zu erklären, dem Freiherrn von Münchhausen ähnlich ist, der sich selbst am eigenen Zopf in die Höhe zieht. Selbst ein Computer, der alle kognitiven Charakteristika eines bewussten Menschen repliziert, besäße kein Bewusstsein. Diese Maschine könnte Goethe zitieren oder Schubert-Lieder singen, doch würde sie mangels Empfindungen und freien Willens nur für uns existieren – aber nicht für sich selbst.“ (Quelle: Geo 11/2016, s. 150 (361 Grad)

Für den Mystiker unserer Zeit, der die Illusion des Ich durchschaut hat, gibt es keinen Zweifel: Das Gehirn ist wie unser Körper und die ganze Welt eine Erscheinung oder Manifestation im Bewusstsein. „Alles ist Bewusstsein!“ so lautete der Leitspruch des indischen Advaita-Lehrers Ramesh Balsekar (1917-2009).

Doch er meinte damit nicht das individuelle Bewusstsein, von dem meist angenommen wird, es gehöre einer Person. „Mein Bewusstsein“ ist auch nur ein Phänomen, das kommt und geht. Erst wenn das Ich als Täuschung erkannt wird, löst sich der perspektivische Charakter, von dem Metzinger spricht, auf. Das Bewusstsein hat dann keinen Mittelpunkt mehr. Sicher werden die Dinge weiterhin aus einer Perspektive wahrgenommen, doch diese Wahrnehmungen tauchen auf für „Niemand“. Kein Ich steht im Erlebniszentrum. Bewusstsein ist der alles umfassende, unbegrenzte Hintergrund, noch vor Zeit und Raum. Er existiert nicht „in der Welt“, sondern die Welt und das wahrnehmende Subjekt erscheinen und vergehen darin. Wenn eine umfassende wissenschaftliche Theorie schon das individuelle Bewusstsein nicht integrieren kann, wie soll es dann den Aussagen der Mystiker gerecht werden können – zumal die immer wieder betonen, dass hier kein Wort mehr hinreiche?

Lassen wir zu diesem Thema abschließend noch einmal Eckhart Tolle zu Wort kommen:

„Das Gehirn erzeugt nicht das Bewusstsein, sondern das Bewusstsein hat das Gehirn, die komplexeste physische Form auf Erden, erschaffen, um sich ausdrücken zu können. Wenn das Gehirn geschädigt wird, bedeutet das nicht, dass wir das Bewusstsein »verlieren«. Es bedeutet nur, dass das Bewusstsein diese Form nicht länger nutzen kann, um in unsere Dimension einzutreten. Wir können das Bewusstsein nicht »verlieren«, denn wir sind unserem Wesen nach Bewusstsein. Wir können nur etwas verlieren, was wir haben, nicht aber etwas, das wir sind.“ (Erde, S. 187)

KAPITEL 12

Evolution des Bewusstseins – Eckhart Tolle und Sri Aurobindo

„Sri Aurobindo und Eckhart sind vielleicht die einzigen Weltlehrer, die einen Sprung in der Evolution des Bewusstseins und das daraus folgende Hervortreten einer neuen Spezies auf dem Planeten angedeutet haben.“[50]

Davon ist zumindest der indische Psychologe A. S. Dalal überzeugt, der 2002 ein Gespräch mit Eckhart Tolle in Pondicherry führte, der Hochburg der Lehre Aurobindos. In seinem Buch „Eckhart Tolle – Sri Aurobindo“ vergleicht er die Lehren der beiden spirituellen Lehrer. Ich komme darauf zurück. Zuvor möchte ich fragen, was das eigentlich sein soll, eine „Evolution des Bewusstseins“? Und wer war Aurobindo? Was verstand er unter Bewusstseinsevolution?

Vorboten eines neuen Menschen

Während Charles Darwin „nur“ die Prinzipien der biologischen Evolution aufzeigen und empirisch belegen wollte, kamen nach ihm schon bald Ideen einer geistig-spirituellen Höherentwicklung des Menschen auf. So etwa Friedrich Nietzsches Vision des Übermenschen, die von der Nazi-Ideologie verdreht und für ihre Zwecke vereinnahmt wurde. Zwar ist die Vorstellung einer übermenschlichen Leitfigur schon im Keim im Buddhismus und

50 A. S. Dalal: Eckhart Tolle – Sri Aurobindo. Ein neues Denken – ein neuer Mensch – Eine neue Welt. Aquamarin, Grafing 2013, S. 124

im Christentum vorhanden, doch erst im 20. Jahrhundert sahen Vordenker wie Sri Aurobindo, Teilhard de Jardin, Jean Gebser, zeitweise auch Jiddu Krishnamurti und schließlich Ken Wilber in herausragenden Gestalten wie Buddha und Jesus Exemplare oder Vorboten eines neuen Menschen, einer Bewusstseinsebene, die irgendwann alle Menschen erreichen.

Ein Aspekt dabei ist die Überwindung von Zeit und Raum, und schon damit ist klar, dass sich diese geistige Evolution nicht auf das einzelne Gehirn oder individuelle Bewusstsein reduzieren und auch nicht auf einer linearen Zeitlinie voraussehen lässt. Der indische Weise Sri Aurobindo gilt selbst als ein Vorbote, als Avatar. Er hinterließ das bisher wohl vielschichtigste und umfangreichste Werk zu diesem Thema. Sein Grundgedanke: Das Göttliche steigt „im Anfang" in die scheinbare Antithese seiner selbst, in das absolute Unbewusste, hinab und entfaltet von dort in einem immer intensiveren und in der Zeit nicht endenden Prozess das im Unbewussten „eingefaltete" göttliche Potenzial.

Der Freiheitskämpfer

Sri Aurobindo wehrte sich stets gegen äußere, biografische Darstellungen seines Lebens. Ihm ging es um das innere Leben. Dennoch möchte ich hier die wichtigsten Daten skizzieren.

Am 15. August 1872 in Kalkutta als Sohn eines Landarztes geboren, standen die ersten zwanzig Jahre von Aravinda Ghose überwiegend unter dem Einfluss westlicher Erziehung. Irische Nonnen erzogen den 5-7-jährigen in Darjeeling, anglikanische Geistliche und Professoren den 8-20-jährigen in verschiedenen Schulen in England, zuletzt am King's College in Cambridge.

Als er 1893 nach Indien zurückkehrte, konnte er fließend Latein, Griechisch und auch Deutsch (Goethe) lesen, kannte die klassische westliche Literatur, Philosophie, Kunst und Musik, doch bis auf etwas Bengali keine indische Sprache. Allerdings wusste er bereits bei seiner Ankunft in Bombay, dass er sich für die Freiheit Indiens einsetzen würde. Er empfand die soziale und kulturelle Situation seines Volkes als unerträglich erniedrigend, lernte schnell die wichtigsten Sprachen seines Landes und das heilige Sanskrit, wurde in Kalkutta Chefredakteur der nationalistischen Tageszeitung *Bande Mataram* (Gruß an die Mutter Indien) und der inoffizielle Führer der so genannten *Extremists*, dem extremistischen Flügel des Kongresses, der sich für die vollständige Unabhängigkeit Indiens einsetzte.

In seinen späteren Schriften bezeugt Aurobindo, dass es ihm von Anfang an um Indien als „Mutter" ging, um das spirituelle Indien, das der Welt ganz entscheidende Impulse geben kann. Als er 1908 wegen Konspiration verhaftet wurde und ein Jahr im Untersuchungsgefängnis verbrachte, setzte er sich intensiv mit der Bhagavadgita, dem wohl berühmtesten spirituellen Lehrgedicht Indiens, auseinander. Nach einer ersten, unerwarteten Erfahrung des „Nirvana-Bewusstseins" erlebte er dort die allem innewohnende Gottheit: In allem, in seinen Gefährten, seinen Wächtern, dem Boden, auf dem er schlief, und in den Gefängnismauern, die ihn umgaben, begegnete ihm Sri Krishna, Sri Narayana (der innewohnende Gott).

Nun erkannte Aurobindo klar, dass Indien die Aufgabe hat, mit seinem spirituellen Wissen und Erbe weltweit einen Bewusstseinswandel zu bewirken. „Indien erhebt sich, um das ewige Licht, das ihm anvertraut ist, über die Welt auszubreiten." Obwohl im Alipore-Prozess von der Anklage freigesprochen, suchte Aurobindo 1910 in der französischen Enklave Pondicherri (heute Puducherri) Zuflucht. 1914 begegnete er erstmals Mira Alfassa, der Frau des französischen Diplomaten Paul Richard, die später als „die Mutter" berühmt wurde. Sie erkannte in ihm auf Anhieb den „Einen", den sie immer gesucht und der sie in ihren Träumen als „Sri Krishna" angeleitet hatte.

Auf Anregung von Richard gab Aurobindo zwischen 1914-1921 die Monatszeitschrift *Arya* heraus. Er veröffentlichte dort seine Inspirationen und Erfahrungen in einer philosophisch gefassten Sprache, woraus die Hauptwerke „Das Göttliche Leben" und „Die Synthese des Yoga" und andere Bücher entstanden. An seinem poetischen Meisterstück „Savitri", mit 24.000 Versen das längste Epos in englischer Sprache, arbeitete Aurobindo vierzig Jahre.

Von 1920 bis zum Tod Aurobindos am 5. 12. 1950 wirkten er und „die Mutter" zusammen als eine spirituelle Einheit – für ihre Schüler auch über den Tod hinaus in einer zeitlosen Dimension. Am 24. November 1926 hatte Sri Aurobindo – nach seiner eigenen Aussage – die Bewusstseinsebene des Übermentals (Overmind) in sich verwirklicht. Seit diesem „Siddhi Day" wurde sein von Mira geleiteter Haushalt ‚Sri Aurobindo Ashram' genannt. Damals gab es nur vierundzwanzig Schüler.

Zur Zeit des 2. Weltkriegs setzten sich Aurobindo und die Mutter entschieden gegen die Nazis und für die Alliierten ein, obwohl Indien ja von den Briten besetzt war. Nach dem Krieg konzipierten sie eine „Universität" und eine „Stadt der Zukunft". Diese Stadt, Auroville, wurde durch das Engagement der Mutter schließlich am 28. Februar 1968 im Beisein des indischen Präsidenten und Vertretern aus 124 Nationen feierlich eröffnet und steht unter dem Schutz der UNESCO. Zu den Gründungsprinzipien, die Mira Alfassa in einer Fernsehübertragung verlas, gehören: „Auroville gehört der ganzen Menschheit. Aber um in Auroville zu leben, muss man bereit sein, dem Göttlichen Bewusstsein zu dienen. Auroville wird der Ort einer Erziehung ohne Ende, ständigen Fortschritts und einer Jugend sein, die niemals altert."

Doch zuvor, am 29. Februar 1956, dem „Goldenen Tag", geschah Mira Alfassa, was Aurobindo als seine Mission angesehen hatte und von Schülern auf sein unmittelbares Wirken zurückgeführt wird. Sie erlebte die „Manifestation des Supramentalen auf der Erde". Sie sah, wie sie einem massiven goldenen Tor gegenüberstand, das die Welt vom Göttlichen trennte. Dann zertrümmerte sie das Tor mit einem einzigen Schlag, woraufhin das supramentale Licht und die supramentale Kraft in einem beständigen Fluss auf die Erde herabströmten.

Der integrale Yoga

Die Bhagavadgita galt bereits vor Aurobindo als eine Integration verschiedener Yoga-Wege: dem Yoga des Handelns, der Erkenntnis und der Hingabe. Aurobindo sah jedoch in der spirituellen Praxis seiner Zeit und ebenso in den Religionen allgemein eine Tendenz zur Askese und Weltflucht. Es ging ihm darum, das Weltliche in das Spirituelle zu integrieren. Für die Befreiung des einzelnen Bewusstseins, aber auch für die Befreiung Indiens: „Durch den Yoga wird Indien die Stärke erhalten, um seine Freiheit, Einheit und Größe zu verwirklichen." Dazu gehörte ein für Indiens spirituelle Tradition neues Element, nämlich das Geschichtsbewusstsein.

Die eigentliche Frage lautet: Wie kann ich mich dem dynamischen Göttlichen, dem Supramentalen Bewusstsein öffnen und so diesen Körper und Geist ‚vergöttlichen'? Der integrale Yoga ist ein Weg der bewussten Selbstentfaltung, bewirkt durch das „Psychische Wesen" und durch Hingabe an die göttliche Bewusstseinskraft. Er ist in letzter Konsequenz der Weg zur supramentalen Transformation.

Die westliche Naturwissenschaft der vergangenen 150 Jahre geht davon aus, dass sich organisches Leben und Bewusstsein aus Materie entwickelt haben. Was diese Materie letztlich ist, kann niemand sagen. Sie scheint sich in immer kleinere Teilchen zu verflüchtigen. Der Sprung von der anorganischen zur organischen Materie bleibt ebenso rätselhaft wie der vom Reiz-Reaktion-Schema zum Ich-Bewusstsein.

Sri Aurobindo geht von einem geistigen Prinzip als Ursprung aller Existenz aus und knüpft damit an die spirituelle Tradition Indiens, die Upanishaden und die Samkhya-Philosophie an, wo sich aus reinem Geist (*purusha*) und Materie (*prakriti*) alles manifestiert. Die höchste Ebene – *satchitanand* (Sein-Wissen-Seligkeit) – verdichtet sich laut Aurobindo über verschiedene Schichten des Bewusstseins bis ins Unbewusste. Diese „Involution" ist vor jeder Vorstellung von Raum und Zeit. „Evolution" ist der umgekehrte Prozess, mit der Entstehung der Materie als dem ersten Schritt. Bewusstsein ist das Fundament der Existenz: „Aus der Energie und Bewegung des Bewusstseins entsteht das Universum mit allem, was in ihm ist."

Die Evolution und ihre inneren Gesetze sind überaus komplex und lassen sich kaum in ein einfaches Schema packen. Einerseits ist ja das göttliche Potenzial wie ein Same oder eine „spirituelle DNS" stets in allem enthalten und entfaltet sich (vergleichbar einem Baum oder auch einer Lotosblüte) im Prozess der Evolution. Andererseits betrifft der Entwicklungsprozess sowohl die individuell menschliche als auch die geschichtlich-globale und die universale Ebene. Zudem gibt es vielschichtige Querverbindungen, auch Engpässe und kritische Phasen. Das Ganze verläuft keineswegs geradlinig aufwärts.

Für die Entwicklung des einzelnen Menschen „sorgt" sein innerster Kern (*psychic being*, Repräsentant des *jivatman*); in der christlichen Mystik die Seele, die zu Gott strebt. Analog zur Bildung der Zellwand von Einzellern, durch die das Innere vom Äußeren getrennt wird, hat sich auch geistig ein Innenleben ausgebildet, eine Art Innenraum oder 4. Dimension (die Raum-Zeit der Physik wäre hierfür ein „mentales" Symbol). Hier geschieht der Entwicklungsschritt zum Supramentalen, den Aurobindo und „die Mutter" in seinen ersten Phasen vorgelebt haben: Die Verwandlung vom rein verstandes- und gefühlsmäßig um „seinen" Körper" besorgten Menschen zu einem freien Wesen, dessen Körper mehr und mehr imstande ist, das ihm innewohnende göttliche Potenzial auszudrücken.

Von der Materie zum Supramental

Was kann der Einzelne tun, woran kann er sich orientieren, um sich selbst zu transzendieren? Es gibt Hilfe von den Avataren. Jesus war laut Aurobindo ein solcher Avatar, der um seine Einheit mit dem Göttlichen wusste. Ein Avatar (wie auch Aurobindo oder die Mutter) kann uns zeigen, wie wir bewusst an der Evolution teilnehmen und mitwirken können.

In seinem „Integralen Yoga" zeigt Sri Aurobindo in einer Verbindung von Bhakti- (Hingabe an den Guru, später von Schülern meist auf „die Mutter" bezogen), Jnana- (Erkenntnis, hier auf das Entwicklungspotenzial ausgerichtet) und Karma-Yoga (nicht ich bin es, der handelt) einen genau beschriebenen Weg. Neu ist die zentrale Bedeutung, die das „Psychische Wesen" (*Purusha* oder evolutionärer Wesenskern) und die Hingabe an die göttliche Bewusstseins-Kraft einnehmen.

Auch in der Evolution wirkt die Kraft gleichsam von oben, sie zieht empor. Dabei erfasst sie nicht nur den menschlichen Geist, sondern durchdringt und erleuchtet alle Zellen des Körpers. Ob der Einzelne es will oder nicht, es wird geschehen. Doch im Unterschied etwa zu Nietzsches *Übermensch* oder Teilhard de Jardins *Omega-Punkt* gibt es bei Sri Aurobindo und der Mutter kein endgültiges Ziel der Bewusstseins-Entwicklung:

„Unser überbewusstes Selbst ist ewig in seinem Sein und Zeit ist nur eine seiner Modi (Erscheinungsweisen), unser „Innenleben" ist ewig in seinem Werden und Zeit ist sein unbegrenztes Erfahrungsfeld."

Aurobindos Werk ist natürlich weitaus komplexer, als hier nur annähernd skizziert werden könnte. Außergewöhnlich ist nicht nur sein leidenschaftlicher und selbstloser Einsatz für die Freiheit seines Landes und der Menschheit – der große indische Dichter Tagore schrieb: Vor dir, o Aurobindo, neigt Rabindranath sich tief! – einzigartig ist seine tiefe Einsicht in die Natur des Seins und die Tatsache, dass er die Erkenntnis mit der Frau an seiner Seite, „der Mutter", vorbehaltlos teilte.

Die Selbsteinschätzung von Sri Aurobindo und „der Mutter" als Wegweiser für ein neues Bewusstsein kann kritisch als Selbstüberhöhung (C.G. Jung: Inflation) gesehen werden. Doch solange sie zur Selbsterforschung anregt und nicht zur Anbetung stagniert, scheint es mir sinnvoll, diese Philosophie weiter zu erforschen und zu fördern, soweit es möglich ist.[51]

Aurobindo hat seine Evolutionstheorie mehrmals kurz zusammengefasst, zum Beispiel in seinen „Briefen über den Yoga":

„Das Sein, verborgen in einer scheinbar unbewussten Leere, taucht auf Erden zuerst in der Materie auf, dann im Leben, dann im Mental und schließlich als der Geist. Die scheinbar unbewusste, erschaffende Energie ist tatsächlich die Bewusstseins-Kraft des Göttlichen; ihr Bewusstseins-Aspekt, in der Materie noch verborgen, beginnt im Leben aufzutauchen, gelangt zu einer weiteren Selbstfindung im Mental und findet schließlich ihr wirkliches Selbst in einem spirituellen und zuletzt supramentalen Bewusstsein; durch dieses gelangen wir zur Wahrnehmung der Wirklichkeit, wir werden ihrer inne und werden eins mit ihr. Das ist es, was wir Evolution nennen, eine Evolution des Bewusstseins und eine Evolution des Geistes in den Dingen und nur äußerlich eine Evolution der Arten. Auf diese Weise also taucht die Wonne des Daseins aus der ursprünglichen Fühllosigkeit auf, zuerst in den gegensätzlichen Formen von Freude und Schmerz, um sich dann in der Seligkeit des Geistes zu finden oder, wie es in den Upanishaden heißt, in der Seligkeit des Brahman."[52]

Was Eckhart Tolle als „Ego" bezeichnet, ist bei Aurobindo eine Verbindung von Mental (Verstand, Denken) und Vital (Emotionen, Überlebensdrang), wobei die meisten Menschen in der Entwicklung bis heute fast vollständig von ihren Trieben und Gefühlen beherrscht werden, so dass der mentale Bereich Sklave des

51 Vgl. Christian Salvesen, Die spirituelle Evolution des Sri Aurobindo, in http://www.mystica.tv/christian-salvesen-die-spirituelle-evolution-des-sri-aurobindo/

52 Sri Aurobindo, Briefe über den Yoga, Bd 1, S. 43 f., zit. nach Dalal

vitalen ist. In beiden Lehren geht es darum, die inneren Vorgänge bewusst wahrzunehmen, so dass der Beobachter oder Zeuge von den Gedanken und Emotionen losgelöst ist. Allerdings nimmt Aurobindo ein unsterbliches individuelles Selbst an, den Jivatman, während Eckhart wie die Buddhisten das persönliche Selbst für eine Illusion hält. So stellt Dalal fest: „Deshalb wird jemandem, der mit der vorherrschenden hinduistischen Denkweise – wie wir sie in der Gita finden – vertraut ist, auffallen, dass Eckharts Lehre eines der wichtigen Hindu-Themen nicht umfasst, nämlich das Wachstum des individuellen Selbst (*Jivatman*) von Leben zu Leben bis zu seiner Befreiung durch die Vereinigung (*yoga*) mit dem Universellen Selbst.“ (Dalal, S. 123f.)

In dem Interview mit Eckhart Tolle geht es nur an einer Stelle direkt um das Thema Bewusstseinsevolution. Als Dalal fragt, ob Eckhart wie Aurobindo eine Vision von einem neuen aufkommenden supramentalen, über den Verstand hinausreichenden Bewusstseins habe oder ob er es womöglich bereits um sich herum geschehen sehe, antwortet Eckhart:

„Ja, ich sehe, wie es geschieht, und es ist die nächste Dimension der Evolution, der nächste Evolutionssprung, mehr als ein allmähliches Weiterschreiten. Manchmal gibt es Sprünge in der Evolution. Dies ist die nächste Stufe in der menschlichen Evolution. Es ist durch diese Form geschehen, und ich kann sehen, wie viele Menschen von der Lehre angezogen werden, weil sie dafür bereit sind. Und es geht weiter. Das heißt nicht, dass das alte Bewusstsein, unsere mit dem Verstand identifizierte Bewusstseinsstufe, bereits zu einem Ende gekommen sei. Es hat seine letzte Phase erreicht, und in seiner finalen Phase könnte es zuweilen sogar noch verrückter werden, bevor es schließlich seinen Platz räumt, sei es durch heftige Umwälzungen oder auf allgemeine Weise. Wer weiß? Das hängt wahrscheinlich davon ab, wie viele Menschen für das neue Bewusstsein, das hervortreten will, offen sind. Wenn genügend Menschen für das neue Bewusstsein offen sind, verringert sich die Notwendigkeit heftiger Umwälzungen auf dem Planeten.

Da könnte es Gewalt geben von Menschen gegen andere Menschen, von Menschen gegen den Planeten. Es könnte sogar Gewalt in der Natur geben. Naturphänomene, die Teil sind der Zerstörung all jener Strukturen, die das alte Bewusstsein erschaffen hat, äußerer Strukturen. Und dann kommt auch die Zerstörung jener Strukturen im Inneren. Und dies geschieht bereits – natürlich auf sanfte Weise – durch die Lehren. Bei jenen Menschen, die offen sind, machen die alten Strukturen einfach Platz für die neuen. Andere, die nicht offen sind, könnten zunehmende Verwirrung erleben, Desorientierung, schreckliches Unglück, Verrücktheit. Es sind interessante Zeiten, in denen wir leben. (lacht)“ (Dalal, S. 88)

Es scheint demnach zwei Ebenen oder Bedeutungen von Bewusstsein in Eckharts Lehre zu geben: Bewusstsein als eine Art Raum oder Feld jenseits und vor jeder Raum-Zeit, das leer, ewig und unendlich ist, eigenschaftslos und sich nicht verändert, also auch nicht entwickelt. Und ein sich entwickelndes Bewusstsein. Doch wenn sich etwas entwickelt, kann es nur eine Manifestation dieses einen Bewusstseins sein, oder nicht?

KAPITEL 13

Strukturen des Bewusstseins: Eckhart Tolle und Ken Wilber

Ken Wilber – geboren in Oklahoma City (USA) am 31. Januar 1949 – gilt als Pionier der Transpersonalen Psychologie. Er begründete das Integrale Institut und hat etliche Bücher geschrieben, darunter *Eros, Kosmos, Logos – Eine Jahrtausend-Vision*, die ihn als integralen Philosophen weltbekannt machten. In einem Gespräch mit Bill Harris, Leiter des *Centerpointe Research Institute,* geht er ausführlich auf Eckhart Tolles Lehre ein. Dabei gibt er auch eine Antwort auf die offen gebliebene Frage am Schluss des vorherigen Kapitels, was sich an einem transzendenten, zeitlosen Bewusstsein überhaupt entwickeln kann. Ich möchte im Folgenden eine zusammenfassende Darstellung des Gesprächs mit einigen Zitaten geben, die das Thema „Jetzt“ auf eine neue Art beleuchten.

Zunächst bestätigt Ken Wilber, dass Eckhart Tolle mit seiner Lehre, die er aktuell zusammen mit der bekannten Moderatorin Oprah Winfrey verbreite und die sich auf die Wahrnehmung des Jetzt konzentriere, im Prinzip völlig richtig liege. Das Jetzt sei in der Tat der Angelpunkt aller Spiritualität und Mystik. Allerdings sei es fast unmöglich, für längere Zeit im Jetzt zu verweilen, ohne gezielt am eigenen Schatten zu arbeiten.

„Man gibt also dem Jetzt seine Aufmerksamkeit, immer wieder, und plötzlich nicht mehr, und einer der Gründe, warum man sie verliert, ist der, dass man in Schattenmaterial gefangen ist. (…) Eine der Möglichkeiten, wie wir damit arbeiten können, ist die der Schattenarbeit, die wir im Rahmen einer integralen Lebenspraxis als ein Basismodul bezeichnen. Es geht darum, Schattenmaterial zu erkennen, mit ihm in einen Dialog einzutreten, sich wieder mit ihm zu identifizieren und es zu re-integrieren. So kann man es wieder zu einem Teil seiner selbst machen und es dann auch loslassen. Damit wird es buchstäblich transzendiert und zieht einen nicht ständig aus dem JETZT heraus."[53]

Ken Wilber schlägt hier also seine eigene integrale Methode der Schattenarbeit vor, ohne auf Eckhart Tolles Konzept des Schmerzkörpers einzugehen. Das mag eine sinnvolle und hilfreiche Ergänzung sein, bringt aber keinen wesentlich neuen Aspekt hinein.

Einig sind sich die Gesprächspartner auch darüber, dass es beim Jetzt ein eigentümliches Paradox gibt: Man kann ja gar nicht außerhalb des Jetzt sein. Selbst ein auf die Vergangenheit oder die Zukunft bezogener Gedanke oder ein Gefühl tauchen ja immer nur Jetzt auf. Es geht also darum, sich etwas bewusst zu sein, was bereits immer schon der Fall ist.

Wilber sagt: „Es ist nicht schwierig, in diesen Zustand zu gelangen – es ist unmöglich, ihn zu vermeiden. Man kann nicht herausfallen! Andererseits scheint es so, als ob man nicht darin ist, wenn man sich nicht dessen bewusst ist. Und das ist das Paradox. Im Zen bezeichnet man das als das torlose Tor. Man geht hindurch, aber es gibt kein Tor, und diese Praxis ist das torlose Tor. Sie besteht darin, durch etwas hindurchzugehen, wo es keinen Durchgang gibt, und ohne Arbeit und Praxis wird man nicht grundlegend zu der immer gegenwärtigen Natur dieser Bewusstheit erwachen. Praxis ist also wichtig dabei. (…) Man muss gewissermaßen die Muskeln trainieren, die diese Bewusstheit halten können." (Quelle, s.o.)

Auch auf dieses klassische Paradox ist Eckhart Tolle wiederholt eingegangen, dass es in der Regel Zeit der Vorbereitung be-

53 Bill Harris Interviews Ken Wilber on Eckhart Tolle's The Power of Now.Quelle: Online Journal 34, 2012, Englische Originalfassung http://talentdevelop.com/articles/BHIKW.html, *übersetzt und eingeleitet von Michael Habecker* http://integralesleben.org/if-home/il-integrales-leben/anwendungen/religion-spiritualitaet/ken-wilber-zu-eckhart-tolle/

darf, bevor sich die zeitlose Präsenz offenbart. „Bevor Sie darin (in der Dimension der Zeitlosigkeit des Jetzt) als in einem Dauerzustand verweilen, mag Zeit vonnöten sein. Doch um in jenen Zustand einzutreten, braucht es keine Zeit. Dies ist die wichtigste spirituelle Praxis: Die völlige innere Akzeptanz dessen, was auch immer ist. Dies bedarf keiner Zeit." (Dalal, S. 85)

Der eigentlich neue Beitrag, der allerdings von Ken Wilber zu erwarten war, ist der Hinweis, dass es nicht nur Bewusstseinszustände gibt – wie Gegenwärtigsein im Jetzt, Traum, Tiefschlaf – sondern auch Bewusstseinsstufen. Die Jetzt-Erfahrung auf der archaischen Bewusstseinsebene sei eine andere als die auf der integralen. Hier kommen die an Jean Gebser angelehnten Entwicklungsstufen ins Spiel, die aufeinander aufbauen wie die zunehmende Komplexität in der Natur, vom Atom über das Molekül und die Zelle bis zum Organismus. Wilber will nun darauf hinaus, dass die Jetzt-Erfahrung auf der mythischen Bewusstseinsstufe in Verbindung mit autoritären Glaubenssystemen gebracht und fundamentalistisch gedeutet wird. Wenigstens 70% der Erdbevölkerung befänden sich auf dieser Ebene oder noch darunter. Auf den nächst höheren Stufen, der rationalen und der pluralistischen, erweitere sich die Perspektive, und mystische Erfahrungen werden allen Menschen unabhängig von Nationalität, Religion, Hautfarbe oder Geschlecht zugestanden. Die aktuell am höchsten entwickelte Stufe ist die integrale. Wilber beschreibt sie:

„Die integrale Stufe lässt der gesamten bisherigen Entwicklung Raum, und ihr ist klar, dass alle Stufen für das Gesamtwachstum von Bedeutung sind. Man könnte die ideale Situation für einen Menschen daher so zusammenfassen, dass er oder sie im JETZT eines jeden Augenblicks zu Hause ist und sich dabei auf einer integralen Entwicklungsstufe befindet. Diese Kombination gibt uns die Chance für einen Weltfrieden, während Menschen, die sich auf der pluralistischen oder der modernen oder der traditionellen Entwicklungsstufe befinden, keinen Weltfrieden schaffen können, weil ihre unterschiedlichen Werte sich alle im Krieg miteinander befinden. (…)

Es geht hier also um zweierlei Wachstum, dem wir unsere Aufmerksamkeit schenken sollten. Eines davon ist ein vertikales Wachstum durch die Entwicklungsstufen – von archaisch zu magisch zu mythisch zu rational zu pluralistisch zu integral. Das zweite ist eine Art von Wachstum in das JETZT hinein. Vollzieht man jedoch nur eines davon und lässt das andere weg, dann fehlt ein ganz wesentlicher Teil dessen, was Menschsein bedeutet, etwas, was eine enorme Rolle spielt für die eigene Befreiung. (…)

Wir kennen einige Mystiker, die sehr aggressiv, kriegerisch und ethnozentrisch sind. Sie sind sich dabei vollkommen des JETZT, des zeitlosen JETZT bewusst. Sie sind vollkommen daran angeschlossen, doch ihr vertikales Wachstum ist nicht auf dem Stand, auf dem es sein könnte. Deshalb sollten wir vorsichtig sein, lediglich das JETZT zu feiern. Auf der anderen Seite gibt es viele westliche Entwicklungsforscher, die lediglich die vertikalen Entwicklungsstufen betonen, archaisch, magisch, mythisch, rational und so weiter, und das zeitlose JETZT nicht kennen. Beide Seiten können also einseitig darin sein, den jeweils anderen Aspekt unberücksichtigt zu lassen. Es gibt diese Hauptwege menschlichen Wachstums. Der eine durchläuft vertikale Strukturstufen und der andere horizontale Zustände. Beide sind wichtig.“[54]

Was sich also in der Evolution des Bewusstseins entwickelt, sind die vertikalen Strukturen. Es sind nach wie vor beobachtbare Phänomene in der Welt oder in der Geschichte des Menschen: Wechsel und Erweiterung der Perspektive und der Wahrnehmung. Das zeitlose, nicht objektivierbare Bewusstsein, das, was alles wahrnimmt, das „Auge Gottes“, bleibt davon unberührt, ewig transzendent.

Für Eckhart Tolle sind nicht die verschiedenen Bewusstseinsstufen oder Strukturen wichtig, sondern der eine aktuelle Höhepunkt, wo sich das Bewusstsein seiner selbst bewusst wird:

54 Quelle Harris und Wilber, s. oben

„Sowohl auf unserer Erde als vielleicht gleichzeitig auch in vielen anderen Teilen unserer Galaxie und darüber hinaus erwacht das Bewusstsein aus seinem Formentraum. Das heißt nicht etwa, dass sich jetzt alle Formen (die Welt) auflösen, obwohl einige es gewiss tun werden. Vielmehr bedeutet es, dass das Bewusstsein jetzt beginnen kann, eine Form anzunehmen, ohne sich in der Form zu verlieren. Es kann sich seiner selbst auch dann bewusst bleiben, wenn es Formen annimmt und erfährt. Warum sollte es denn weiterhin Formen erschaffen und erfahren? Aus reiner Lust daran. Und wie gelingt ihm das? Durch erwachte Menschen, die die Bedeutung erwachten Handelns erkannt haben.“ (Erde, S. 187)

KAPITEL 14

Eckhart Tolle für Manager

Eckhart Tolles Vorschläge und Anleitungen, im Hier und Jetzt zu sein, wurden schon bald nach dem Erscheinen des Bestsellers „Jetzt" von etlichen Managern und Führungskräften in der Wirtschaft aufgegriffen und erfolgreich umgesetzt. Dabei half die bekannte Management-Trainerin und Buchautorin Vera Felicitas Birkenbihl (1946-2011), die das Vorwort zu „Jetzt – Die Kraft der Gegenwart" beisteuerte, Tolles Ansatz als besonders wirksam zu vermitteln. Sie beschreibt Eckhart im Vorwort als einen wahren Meister und Guru im Sinne eines *Coaches,* der anderen zu Einsichten verhilft, ohne ihnen irgendeine Überzeugung aufzudrängen. Ein guter Coach erinnert an das Wissen und Potenzial, das im Innersten bereits vorhanden ist.

Manager und Egomanie

Die Herausforderungen an Leiter großer Unternehmen sind zum Teil enorm. Wollen sie nicht im Burn-out enden, der auch durch übermäßigen Ehrgeiz oder verdrängte Emotionen wie Angst und verletzter Stolz bedingt sein kann, dann hilft nur eins: So klar und stark wie möglich im Moment zu leben.

Etliche scheinbar besonders erfolgreiche Führungskräfte und Politiker fallen allerdings durch Eigenschaften auf, die man geradezu als „Egomanie" bezeichnen kann. Der rücksichtslose Wille zum Erfolg scheint nötig, wird in der Wirtschaft sogar gefordert.

Neurologen und Psychologen haben in etlichen Untersuchungen festgestellt, dass es in den Chefetagen einen beachtlich hohen Anteil an Psychopathen gibt, die weder Angst noch Mitgefühl kennen.

Heiner Thorborg, einer der profiliertesten Personalberater in Deutschland, schreibt:

„Innere Kälte hilft in vielen Organisationen tatsächlich beim Aufstieg, sind psychopathisch Gestörte doch selbstsicher, überzeugend, angstlos und fokussiert auf das Positive. Wer andere emotionsfrei beobachtet, lernt zudem, schnell zu manipulieren und wird oft gar als besonders charmant erlebt. Wer sich rücksichtslos durchsetzt, Ressourcen an sich reißen und andere ohne Skrupel feuern oder ausmanövrieren kann, hat im Konzern gewisse Vorteile. Diese Menschen sind oft unermüdliche Arbeiter, jagen sie doch nach etwas, das ihre innere Leere füllen soll – und kommen dennoch nie ans Ziel.

Das Problem ist nur, dass sie dabei das Unternehmen, das sie gerade so erfolgreich führen, unter Umständen genauso tatkräftig an die Wand fahren.“[55]

Anlässlich der Wahl von Donald Trump zum 45. Präsidenten der USA wurde in den Medien heftig diskutiert, wie ein solcher „Egomane“ derart erfolgreich sein konnte. Volker Eickenberg, Professor für BWL, insbesondere Human-Resource-Management, erklärte in einem Interview, warum Egomanen auf dem Vormarsch sind:

„Seit einigen Jahren wird den Menschen in der Kunst, aber vor allem in den Medien signalisiert: Du bist etwas Besonderes! Lebe deine Einzigartigkeit! Diese Botschaft ist zum einen durch den Wertewandel in der westlichen Gesellschaft sowie zum anderen durch die wirtschaftliche und politische Dynamik, die als „Change“ bezeichnet wird, begründet. Egoismus und Altruismus, Schnelligkeit und Gründlichkeit stehen in einem Spannungsver-

---

55 Quelle: http://www.spiegel.de/karriere/fuehrungskraefte-heiner-thorborg-ueber-psychopathen-chefs-a-1001377.html

hältnis. In einer Welt, die sich zunehmend neuen Werten zuwendet, die Konsum zum Religionsersatz erhebt, scheint der Mensch nur dann Orientierung zu erhalten, indem er sich als fest stehende Achsennabe versteht, um die sich alles dreht. Dies scheint egomanisches Verhalten heutzutage zu begünstigen.“[56]

Management und Spiritualität

Manfred Kets de Vries, Psychoanalytiker und Insead-Professor, schlägt vor, dass in den Firmen eine Kommunikationskultur eingeübt wird, bei der die Mitarbeiter ihren Chefs echtes, aufrichtiges Feedback geben dürfen. „Doch dazu muss die Führungskraft auch ein Gehör entwickeln, zuhören wollen.“ Wichtig seien auch „Muße und Stille“ – um egomanischen oder psychopathischen Firmenchefs vorzubeugen. (Quelle: spiegel.de)

Paul J. Kohtes, Begründer der seinerzeit erfolgreichsten PR-Agentur in Deutschland, Kothes Klewes, Berater von Unternehmen wie Aldi oder der Katholischen Kirche, seit vielen Jahren als Zen-Lehrer tätig, sagte mir in einem Interview zu seinem damals gerade erschienenen ersten Buch *Dein Job ist es, frei zu sein. Zen und die Kunst des Managements* auf die Frage, wie der Unternehmer seine Mitarbeiter am besten motiviert:

„Mitleid, Empathie, alle diese Eigenschaften sind ja letztlich nur möglich, wenn ich offen bin. Wenn ich besetzt bin von einer Zielgeraden, von einem Wunsch-Druck, kann ich nicht mehr offen sein. Wenn ich auf ein Ziel „anstarre“ – und darin gleichsam erstarre –, bin ich nicht mehr in der Lage, es – wie etwa im Judo – kommen zu lassen; die Energien, die mir entgegen kommen, zu nutzen, und sie nicht ständig zu bekämpfen.

Das ist im Umgang mit Mitarbeitern nicht anderes. Wenn ich „zu“

56 Quelle: http://meedia.de/2016/11/09/egomarketing-a-la-trump-man-kann-sich-schlecht-selbst-applaus-geben/?utm_campaign=NEWSLETTER_JOB&utm_source=newsletter&utm_medium=emai

bin und sage: „Der/die soll gefälligst seine/ihre Funktion erfüllen!“, dann kann ich kein Mitgefühl mehr haben. Da ist mir Mitgefühl nur lästig, wenn mein Mitarbeiter nicht leisten kann, was ich von ihm will. Aber wenn ich offen bin, meine Ideen mitteile und dazu einlade, eigene Ideen, seine Kreativität einzubringen, dann ist doch jeder motiviert und es kommt „Flow“ in die Sache. Wir können dann sogar jedes Ziel gemeinsam völlig neu definieren – je nach dem, was auf Sicht ein besseres Ergebnis einbrächte.“

Heute zeigen immer mehr Topmanager öffentlich, dass sie spirituell orientiert sind. So auch der Chemiker und Unternehmensführer Prof. Dr. Erhard Meyer-Galow mit seinem Buch „Leben im Goldenen Wind“. Er sagte mir in einem Gespräch:

„Es geht darum, immer, in jedem Moment, achtsam zu sein. Es gilt, immer zu praktizieren, auch in der Arbeitswelt. Und das führt zu einem völlig anderen Führungsverständnis. Ich habe das ja selber fast zwanzig Jahre praktiziert – bei der Führung von großen und kleineren Unternehmen, immer meinem jeweiligen Reifestand entsprechend. Dabei hatten wir alle viel Freude und zugleich geschäftlichen Erfolg. Die Leute haben länger gearbeitet, und keiner ist weggegangen.“ Er fügte später zum Thema Ethik und Unternehmen hinzu:

„Es nützt übrigens überhaupt nichts, wenn ich ethische Richtlinien erlasse, wie jedes Unternehmen es macht unter dem Druck der Öffentlichkeit, denn damit ist das Böse oder das Dunkle nicht verschwunden. Es ist immer da und bleibt bei jedem Menschen da. Das Verhalten muss aus dem inneren Wachstum kommen und nicht aus einer Anweisung des Vorstands. Dann ist eher dauerhaft gewährleistet, dass man anderen nicht schadet und selbst inneren Frieden findet. Und das ist alleine ausschlaggebend, nicht dass man viel weiß, kann und hat.“

Interview: Glückliche Führungskräfte

Ein Management-Trainer, der Tolles Buch „Jetzt“ gelesen und verinnerlicht hat, ist der Amerikaner Dan Norenberg. Er hat vor über zwanzig Jahren seine Firma N-Vision Learning Solutions in München gegründet, hält Vorträge und leitet mit seinem Team Topmanager in Leadership-Trainings dazu an, ihre Unternehmen erfolgreicher zu führen. Ich gebe im Folgenden Teile eines Gesprächs wieder, das ich im Herbst 2016 mit ihm führte.

Dan, Sie haben das Buch „The Power of Now“ von Eckhart Tolle vor etwa fünfzehn Jahren gelesen. Was hat Sie dabei besonders beeindruckt?
„Es hat mich in seiner klaren und direkten Sprache auf Anhieb berührt und motiviert, das Gegenwärtigsein in meinem alltäglichen Leben zu praktizieren. Als Unternehmer ist man ja meist auf die Zukunft ausgerichtet, plant und sorgt sich um die Finanzen und die Mitarbeiter. Als Privatperson neige ich wiederum zu Nostalgie, verweile gerne in angenehmen Erinnerungen. Da bleibt also nicht viel Spielraum für das Jetzt. Das Buch erinnerte mich daran, wo Friede, Freude und die eigene Kraft wirklich zu finden sind. Nur im Jetzt kann ich kreativ und effektiv sein. Ich arbeite meist mit den oberen Führungskräften internationaler Firmen, die sehr intelligent, erfolgreich und sehr anspruchsvoll sind. Sie stehen unter hohem Druck und wissen, was sie wollen. Ich muss selber in Topform sein, um diesen Führungskräften zu einem Durchbruch zu verhelfen. Mir ist völlig klar geworden, dass ich am besten bin, wenn ich nicht in die Zukunft oder Vergangenheit abschweife, sondern 100% im gegenwärtigen Moment bin.“

Vermitteln Sie in Ihren Trainings ein „Im-Jetzt-Sein“?
„Nicht als spirituelle Praxis oder mit Zitaten von Tolle. Ich gebe weiter, was für mich selbst funktioniert. Die Leute erleben so meine „Praxis“ und können es selber ausprobieren. Gerade in Leadership Teams, wo eine hohe Belastung besteht, lässt man sich leicht ablenken und bekommt nicht mit, was wirklich passiert. Man muss das Wesentliche erkennen, was einen am Durchbruch hindert und wie das eigentliche Potenzial entdeckt und entwickelt werden kann, und das geht nur durch Präsenz. So gesehen helfe ich dabei, sich immer wieder auf das Hier und Jetzt zu fokussieren. Das betrifft auch und gerade die emotionale Ebene und wie sie sich ausdrückt, wo es um die eigene Wahrnehmung geht und um Vertrauen.“

Welche Verbindung sehen Sie zwischen Zeitmanagement und dem Fokus auf das Jetzt?
„Was ich für mich aus meiner Erfahrung sagen kann, ist: Was immer man tut, tut man jetzt. Ich persönlich bin nicht gut darin, neun Dinge gleichzeitig zu erledigen. Im Moment zu sein, hilft mir, die Dinge erfolgreich zu tun, und vor allem: Wenn ich beim Tun präsent, gegenwärtig bin, dann bereitet es wirklich Freude. Dann weiß ich, die Sache läuft gut.“

Eckhart Tolle plädiert dafür, das eigene Ego zu beobachten und gleichsam in Schach zu halten. Manche Manager sollen damit ja ein Problem haben. Wie sehen Sie das?
„Bezogen auf meine Arbeit kann ich nur sagen, dass ich Führungskräfte darin unterstütze, ihren eigenen Durchbruch zu kreieren. Ich spiele dabei nicht den Guru und habe auch keine fertigen Antworten parat. Es ist eher wie eine leichte Berührung, ein kaum merklicher Anstoß. Ich biete den Rahmen, erzeuge eine Atmosphäre, in der Dinge geschehen können; und natürlich zeige ich den Menschen mein Vertrauen in sie, dass sie die Lösung ihrer Probleme selbst finden werden.“

Doch wie steht es mit ihren Kunden? Kommt es da nicht vor, dass persönliche Macken wie Eitelkeit, Geltungssucht oder auch Minderwertigkeitsgefühle die Klarheit und Effektivität eintrüben?
„Nun, ich habe mit ca. hundert Teams aus Führungskräften gearbeitet. Ich habe bemerkt, dass die effektivsten Führungskräfte immer präsent sind. Egal ob es am nächsten Tag mit dem Flugzeug weiter nach China geht oder ob die Firma zwei Tage zuvor Verluste gemacht hat, die erfolgreichen Topmanager sind stets klar im Moment und ganz auf die Sache fokussiert. Ob die nun Eckhart Tolle gelesen haben, weiß ich nicht, doch es ist trotzdem eine großartige Bestätigung seiner Lehre."

Ja, das ist erfreulich, zumal diese Führungskräfte großer Unternehmen eine enorme Verantwortung haben. Man würde sich wünschen, dass Politiker sich davon eine Scheibe abschneiden.
„Politiker sind in einer schwierigeren Situation, denn sie müssen einerseits, wie ein Unternehmer, harte Entscheidungen treffen, andererseits aber auch den Wünschen und Vorstellungen ihrer Wähler gerecht werden, die nicht immer diese Entscheidungen unterstützen. Schimon Perez, der kürzlich verstorbene ehemalige Präsident Israels und Friedensnobelpreisträger, meint: „Um den Status Quo aufrechtzuhalten, muss man keine Führungskraft sein." Führung bedeutet, Entscheidungen zu treffen und Dinge zu ändern, in Bereichen, wo die Wenigsten gerne hinsehen und Veränderung wollen. Doch es gibt auch in der Politik herausragende Persönlichkeiten wie Mahatma Gandhi oder Nelson Mandela, die durch ihr selbstloses Handeln das Vertrauen der Menschen gewannen und in ihren außergewöhnlichen Entscheidungen unterstützt wurden."

Was möchten Sie abschließend zur Verbindung von Tolles Lehre und Management sagen?
„Ich kann wieder nur für mich und aus meiner Erfahrung sprechen. Nur ein glücklicher Mensch kann eine gute Führungskraft

sein. Wer ständig unzufrieden, unerfüllt, ärgerlich oder emotional belastet ist, kann doch andere nicht wirklich motivieren, ihm zu folgen! Und wie kann ich glücklich und erfüllt sein? Nur indem ich ganz im Moment lebe. Nur im Moment kann ich die Wunder dieses Lebens wahrnehmen. Vor einigen Tagen spürte ich auf meinem Weg zum Büro auf meiner Gesichtshaut die kalte Luft des Herbstes, nicht unangenehm, sondern gerade so erfrischend, dass ich mir meiner Lebendigkeit bewusst wurde. Welch ein wunderbarer Moment! Wäre ich nicht in der Gegenwart – im Moment – gewesen, wäre mir dieses besondere Erlebnis entgangen. Es ist also wirklich so: Will ich glücklich sein und die Wunder dieses Lebens voll erfahren, achte ich so oft wie möglich auf das, was jetzt geschieht, auf diesen Augenblick."

KAPITEL 15

Ist da Jemand?

„Der Körper stirbt nicht, weil du an den Tod glaubst. Der Körper existiert oder scheint zu existieren, weil du an den Tod glaubst. Körper und Tod sind Teil derselben Illusion, die vom Ego-Bewusstsein geschaffen wird, welches die Quelle des Lebens nicht kennt und sich für abgeschnitten, für ständig bedroht hält. Daher erschafft es die Illusion, dass du ein Körper bist, ein dichtes physisches Gefäß, das ständig in Gefahr ist." (Tolle, Jetzt, 232)

Dies ist für mich eine der stärksten und geheimnisvollsten Aussagen von Eckhart Tolle. Es ist wichtig zu betonen, dass die wirklich entscheidenden „Dinge" nicht vom Verstand und mit unserer Logik zu erfassen sind. Schon wenn diese Möglichkeit ein wenig akzeptiert wird, ist ein großer Schritt getan in Richtung Öffnung für das Unbekannte, unendlich viel Weitere des Mysteriums. Selbst ein Wort wie „Leben" oder „Gott" deckt es ja eher zu als auf.

Ein verändertes, erweitertes Bewusstsein verändert die gesamte Weltsicht. Forscher wie Albert Hofmann oder Stanislav Grof haben sich unter dem Einfluss von LSD oder dem Holotropen Atmen nicht mehr als festen Körper erlebt, sondern als reine Energie, als Strom von Licht. Das ist eine Möglichkeit, sich als mit der Quelle des Lebens verbunden zu erfahren. Da kommen einem Tod und Körper nicht in den Sinn. Es geht aber auch weniger dramatisch, in diesem Moment, wenn ich einfach die Augen schließe und nur wahrnehme, was ist. Der Körper als bestimmte Form existiert dann, wenn überhaupt, nur als Vorstellung.

Nach meiner Erfahrung ist es auch ein himmelweiter Unterschied, ob ich in meinem alltäglichen Ich-Bewusstsein versuche, im Jetzt zu sein, oder ob ich dort geradezu hineinkatapultiert werde, sei es durch einen Schock, durch Liebe, durch psychoaktive Substanzen oder einfach so, zum Beispiel unmittelbar morgens nach dem Aufwachen, bevor ich mich orientieren kann, wer oder wo ich bin.

Nicht-Dualität: Tony Parsons

Ein so bekannter spiritueller Lehrer wie Eckhart Tolle hat nicht nur Anhänger und Befürworter, sondern auch Kritiker und Gegner. Ich möchte hier auf Kritikpunkte eingehen, die ich für wesentlich und berechtigt halte.

Die kritische Frage lautet: Ist Eckhart Tolles Botschaft wirklich nicht-dualistisch?

Eckhart sagt immer wieder, dass die Identifikation mit den Gedanken die Illusion einer Trennung erzeuge. Das Ich, die Person, sei eine Illusion. Eckharts Erwachen ist dafür das beste Beispiel. Das falsche Selbst verschwand, und übrig blieb ein weites Bewusstsein fast ohne Gedanken. Das ist doch Nicht-Dualität, oder?

Wenn es aber in Wirklichkeit keine Zwei gibt, weder Ich noch Du, weder hier noch dort, weder früher noch später, dann gibt es auch nichts zu lernen und zu erreichen. Wozu ist also eine spirituelle Lehre überhaupt nötig? Könnte es sein, dass Erwachen – wenn es denn die Auflösung der Ich-Illusion und der Getrenntheit bedeutet – spontan geschieht, unabhängig davon, was ich alles versuche, um frei von diesem Ich zu sein?

In den traditionellen spirituellen Lehren geht es meist darum, dem Beispiel eines Erwachten nachzueifern. Etwa die äußeren Umstände herzustellen, unter denen etwa ein Buddha erwachte. Also so lange unter einem Bodhibaum zu meditieren, bis „es" geschieht. Auf Eckhart Tolle übertragen, würde das bedeuten, sich in Depression und Ekel vor sich selbst hineinzusteigern. Oder man versucht, die scheinbaren Folgen des Erwachens – im Falle Eckhart Tolles die Stille des Bewusstseins ohne Gedanken – irgendwie durch Übung zu erzeugen. Das scheint zumindest teilweise Eckharts Lehre zu sein. Andererseits weist er daraufhin, dass sich das Ich nicht selbst abschaffen kann. Es kann lernen, für einige Momente zu akzeptieren, was ist. Es existiert dann aber immer noch ein Ich oder eine Illusion von Ich. Die Illusion von Getrenntheit bleibt weiter bestehen – oder nicht? Das ist die Frage.

Es gibt wohl heutzutage kaum jemanden, der so konsequent und radikal für Nicht-Dualität steht wie Tony Parsons aus England. In Deutschland (und weltweit) spielt diese Rolle – wenn auch auf völlig andere Weise – Karl Renz. Ich besuche seit fünfzehn Jahren regelmäßig die „Selbstgespräche" von Karl Renz und die „Meetings" von Tony Parsons in München, obwohl ein Verstehen unmöglich ist. Etwas tief innen, gleichsam unterhalb des Verstandes und des Ich, schwingt allerdings mit, und es tritt eine Entspannung ein, in der das Suchen nach Erleuchtung verschwindet. Der mittlerweile 84-jährige Tony sagt im Grunde von den Worten her nicht viel Neues und Abwechslungsreiches, doch er sprüht vor Lebendigkeit, und wenn er wie üblich mit den Worten beginnt „Alles, was ist, ist Dies!", dann leuchten seine Augen, als würden sie die Welt zum ersten Mal erblicken. Auch wenn der Blick ‚nur' auf den Boden oder die Wand gerichtet ist.

Er behauptet, dass die allumfassende, unbegreifliche Energie, die Nichts und Alles zugleich sei, in allem erscheine. Sie sei völlig frei, könne sich also auch in Form von Getrenntheit manifestieren. Das Kind entwickelt mit zwei oder drei Jahren ein Bewusstsein seiner selbst und erfährt sich dann zunehmend als eigenständig und getrennt von der Welt. Dies ist nicht nur ein „Ich-Gedanke", sondern eine regelrechte Kontraktion, ein energetisches Phänomen. Es kann sich unvermittelt wieder auflösen, nicht durch Verstehen oder irgendwelche Methoden, sondern ebenfalls energetisch. Wenn dies geschieht, wie es anscheinend Tony und einigen anderen widerfahren ist, ist niemand mehr da, der irgendetwas erfährt. Es wird erkannt, dass es nichts zu erreichen gibt. Was der Mensch sucht, nämlich die verloren geglaubte Einheit, ist in jedem Moment gegeben. Das Suchen selbst steht der Erkenntnis im Weg. Tony Parsons schreibt in seinem neuesten Buch „Diese Freiheit“:

„Die Aktivität des Suchens kann Erfahrungen mit sich bringen, die das ‚Ich‘ dazu ermutigen, weiter zu suchen und sich noch stärker zu bemühen. Therapien können innerhalb der Geschichte ein vorübergehendes Gefühl persönlicher Balance mit sich bringen. Übungen wie z.B. Meditationen können einen Zustand des Friedens und der Stille erzeugen. Selbsterforschung kann anscheinend zu wachsendem Verständnis und Gewahrsein führen. Aber Gewahrsein ist eine Funktion, die etwas außerhalb ihrer selbst benötigt, dessen sie sich gewahr sein kann. Gewahrsein verstärkt einfach nur die Trennung, und ein Gefühl der Distanziertheit kann auftauchen und fälschlich für Erleuchtung gehalten werden. Alle diese Zustände erscheinen und verschwinden wieder innerhalb der Geschichte des ‚Ich‘.

Alle Lehren über das Erlangen der Erleuchtung basieren auf der Vorstellung, die Veränderung unserer Überzeugungen oder Erfahrungen könnte zu einer persönlichen Erkenntnis der Einheit, der Selbstrealisation oder der Entdeckung des eigenen wahren Wesens führen. Der gesamte Einsatz für einen sich entwickelnden Weg unterstützt einfach nur die Geschichte eines ‚Ich‘, das irgendetwas erreicht. Selbst die Vorstellung von persönlicher Hingabe oder Akzeptanz kann am Anfang sehr attraktiv sein…für eine Weile. Es gibt viele sogenannte non-duale Lehren, die die Geschichte eines ‚Ich‘ unterstützen, das befreit wird.“[57]

Ich habe Tony Parsons und Karl Renz wiederholt sagen hören, Eckhart Tolle würde eine „persönliche Erleuchtung“ lehren. Er wende sich an Personen und bestätige deren Illusion, sie seien ein Ich, das so etwas wie Erleuchtung oder Erwachen für sich selbst

---

57 Tony Parsons: Diese Freiheit. Worte weisen auf das Wortlose. J. Kamphausen, Bielefeld 2016, S. 25

erreichen könne. Sie dagegen führten ein Gespräch von Niemand zu Niemand. Was immer in diesem Moment geschieht, es ist für niemanden. „Ich sitze auf dem Stuhl" – so denke und empfinde ich, während eigentlich nur „auf dem Stuhl sitzen" stattfindet. Erwachen bedeutet demnach nicht, dass ich in eine wunderbare Stille eintauche und fortan heiter und gelassen bin – wie es Eckhart Tolle zu vermitteln und zu sein scheint. Es bedeutet den Umschlag („shift") von „Ich sitze auf dem Stuhl" zu „Auf dem Stuhl sitzen geschieht gerade – für niemanden." Das klingt belanglos, bringt aber einen unbeschreiblichen Wandel zum Ausdruck.

„Wenn die Illusion des separaten ‚Ich' kollabiert, brechen auch persönliches Gewahrsein, Wissen und Bewusstsein zusammen. Natürlich scheinen die Dinge weiter zu geschehen, aber ohne die Einschränkungen und Urteile des ‚Ich'." (Parsons, S. 63)

Auf meine Frage in einem Interview, wie sich das Leben nach dem Erwachen anfühle, sagte Tony Parsons:

„Sagen wir, jemand geht die Straße entlang und plötzlich – „beep" – ist alles völlig anders. Einige kommen zu mir und sagen: ‚Ich kann nicht einmal dir beschreiben, wie oder was es ist!' Es ist ein Mysterium, unbeschreiblich."

Und was ist seine Botschaft?

„Die Botschaft ist einerseits zerstörerisch und andererseits sehr kreativ. Sie entlarvt das Missverständnis, dass es da einen Sucher gibt, der etwas namens „Erleuchtung" finden könnte. Und sie weist auf die Möglichkeit, dass das Gesuchte niemals verloren gegangen ist. Es ist vor dem Sucher versteckt, weil es alles ist, was ist."

Zu den Unterschieden zwischen dieser Botschaft und der von Eckhart Tolle gehört, dass sich Tolle als Lehrer versteht, Parsons dagegen nicht. Laut Tony sind nicht Gedanken für die Trennung verantwortlich, sondern das Bewusstsein seiner selbst, das Gewahrsein, das Wissen- und Kontrollieren-Wollen. Gedanken kommen und gehen, vor und nach der „Befreiung", doch für niemanden. Wer oder was sollte sich an ihnen stören?

Zum Mysterium des Todes und des Erwachens sagt Tony Parsons: „Das Ende von ‚Mir' ist das Ende des Wissens, und deshalb kann es euch niemand erzählen. Aber der Verstand wird das immer zurückweisen, und viele Lehren in der Welt werden dir erzählen, wie du mit dem Gefängnis ‚ich' umgehen kannst. Das liegt am Glauben an die Phantasie eines ‚Ich'. Jede persönliche Lehre nährt den Dualismus, indem sie glaubt, sie könne eine Antwort finden. Es gibt keine Antwort, weil es keine Frage gibt." (Parsons, Freiheit S. 51)

Würdigung

Nach allem, was ich von Eckhart Tolle gelesen und gehört und wie ich ihn erlebt habe, erscheint er mir durchaus und weiterhin als ein segensreicher spiritueller Lehrer. Ich kann nur von meinen eigenen Erfahrungen ausgehen und von dem, was jetzt ist. Ich habe in Eckhart nie meinen ‚Meister' gesehen. Das waren für mich Osho und Barry Long, bevor Eckhart bekannt wurde; und ich kann nicht erkennen, dass seine Lehre über diese beiden hinausgeht. Was Eckhart sagt und schreibt, entspricht in etwa dem, was Ramana Maharshi, Krishnamurti, Osho, Barry Long und viele andere sagen und was ich ganz gut nachvollziehen kann. Genau das finde ich geradezu unglaublich: Dass jemand, der zudem an Unscheinbarkeit kaum zu übertreffen ist, die Essenz aller spirituellen Traditionen in ganz einfachen, verständlichen Worten vermittelt. Wenn Eckhart spricht, bin ich über zwei Stunden präsent – zumindest ist das mein gutes Gefühl, auch noch länger danach. Es geht mir auch beim Lesen seiner Texte so.

Ich halte es für ein großes Geschenk, dass Eckhart Tolle so bekannt geworden ist. Verglichen mit dem, was 99,9% der sogenannten Kultur ausmacht, die heutzutage hervorgebracht und verbreitet wird, sind seine Worte ein Segen, viel mehr als alles, was vonseiten der Kirchen und anderen Religionen kommt. Früher wäre er als Ketzer verbrannt worden, heute wird er von den einflussreichsten Medien wahrgenommen, wenn auch meist milde belächelt. Was er sagt und schreibt ist ein Angriff auf die heilige Kuh „Ich". „Ich" steht für Selbstherrlichkeit, Vermarktung und

Profitgier ebenso wie für Minderwertigkeitsgefühle, Drückebergerei und Weltflucht. Alles in unserer Zivilisation ist auf das Ich, das Ego, ausgerichtet. Jeder wächst da hinein und damit auf. Das infrage zu stellen, bedeutet im Grunde die größte oder sogar einzige Revolution aller Zeiten.

Eckhart Tolle ist nicht der Einzige, der das Ich infrage stellt. Andere, wie Tony Parsons, Richard Sylvester und Karl Renz, tun das nach meiner Einschätzung sogar noch radikaler. Aber er ist der bekannteste; und somit ein beachtliches Gegengewicht zur allgemein vorherrschenden Ignoranz, die sich durch alle Schichten der Gesellschaft zieht. Umso erfreulicher, dass immer mal wieder auch Film- und Popstars wie Meg Ryan oder Cher sich öffentlich zu Eckhart Tolle bekennen.

Mir ist nur ein Fall bekannt, wo jemand behauptet, er sei durch das Buch „Jetzt" von Eckhart Tolle erwacht, nämlich Anssi Antila, der mittlerweile auch Satsangs gibt und auf *YouTube*, Jetzt-TV und anderen zu sehen ist.[58] Anssi sagt in einem Interview:

„Ein Buch brachte mich um. Der Autor, Eckhart Tolle, überraschte mich mit seinen Zeilen zu Tode. Ende der Geschichte. Dieses Buch hat etwas ermöglicht, was ich mir nicht einmal hätte vorstellen können: Die Offenbarung, nicht nur ein Mensch zu sein, sondern das Bewusstsein selbst, welches unsterblich und in sich vollkommen erfüllt ist." (www.tao.de)

Für mich ist das Jetzt der Schlüssel, immer wieder zurückzukommen zu dem, was in diesem Moment unmittelbar gegeben ist. „Die Menschheit" zum Beispiel ist hier und jetzt nur ein Gedanke. Ebenso die „Evolution des Bewusstseins". Gedanken scheinen wie Pfeile, die nach draußen fliegen. Wie selbstverständlich empfinde ich mich als Teil, als Ding in der Welt, die doch objektiv zu existieren scheint. Da brauche ich nur die Nachrichten einzuschalten, um daran erinnert zu werden. Doch es ist möglich – und geschieht letztlich einfach – die Worte, Bilder und Zeichen als das wahrzunehmen, was sie sind: Hinweisschilder – und nicht das, worauf sie

58 Siehe http://www.jetzt-tv.net/index.php?id=anssi.

zeigen. Die Welt ist nicht in meinem Büro oder Schlafzimmer. Sie ist in diesem Moment das, was wahrgenommen wird. Bewusstseinsinhalt, könnte man sagen.

Ich bin das Bewusstsein. Manchmal ist es mir schlagartig bewusst, und das Leben erscheint als ein unergründliches, wundervolles Geheimnis jenseits aller Worte und Gedanken.

Eckhart Tolle spannt den Boden überzeugend und weise von der Essenz spiritueller Traditionen bis heute, bis zu diesem Moment. Er macht dabei Mut. Ich fühle mich emporgehoben und beschwingt:

„In der Bergpredigt macht Jesus eine Voraussage, die bis heute nur wenige verstanden haben. Er sagt: »Selig sind die Sanftmütigen, denn sie werden das Erdreich besitzen.« Wer sind die Sanftmütigen, und was bedeutet es, dass sie das Erdreich besitzen werden?

Die Sanftmütigen sind frei von Ego. Es sind die, die zu ihrem essenziellen wahren Wesen als Bewusstsein erwacht sind und die diese Essenz in allen »anderen«, in allen Lebensformen erkennen. Sie leben total selbstlos und fühlen so ihr Einssein mit dem Ganzen und mit dem Ursprung. Sie verkörpern das erwachte Bewusstsein, das alle Aspekte des Lebens auf unserer Erde einschließlich der Natur verändert, denn das Leben auf der Erde ist untrennbar vom Bewusstsein der Menschen, das die Erde wahrnimmt und mit ihr interagiert. Das ist der Sinn der Prophezeiung, dass die Sanftmütigen das Erdreich besitzen werden.

Eine neue Spezies entsteht auf der Erde. Sie erscheint gerade jetzt – du bist es!“ (Erde, S. 197)

Anhang

Literatur

Bittrich, Dietmar und Christian Salvesen: Die Erleuchteten kommen. Goldmann, München 2002

Bolam, Christine: Kreativität – Die Kunst, im Fluss zu sein. J. Kamphausen

Dalal, A. S.: Eckhart Tolle – Sri Aurobindo. Ein neues Denken – ein neuer Mensch – Eine neue Welt. Aquamarin, Grafing 2013

Döll, Ermin & Marcus Hillinger: Das Zen des glücklichen Wanderns. J. Kamphausen

Eknath Easwaran (Hrsg.): Die Upanischaden. Goldmann TB, München 2008

Gardner, L. Ron: Beyond the Power of Now: A Guide to, and Beyond, Eckhart Tolle‘s Teachings. Vernal Point Publishing, 2012

Jäger, Willigis: Das Leben endet nie: Über das Ankommen im Jetzt. Herder spektrum 2010

Jäger, Willigis: Wohin unsere Sehnsucht führt: Mystik im 21. Jahrhundert. Ansprachen, Predigten, Inspirationen. Via nova, 2007

Kabat-Zinn, Jon: Im Alltag Ruhe finden, Knaur Verlag, München 2010

Kohtes, J. Paul: Dein Job ist es, frei zu sein. Zen und die Kunst des Managements. J. Kamphausen, Bielefeld 2008

Kohtes, J. Paul: Meister Eckhart. 33 Tore zum guten Leben. Patmos 2014, München 2014

König, Michael: Das Urwort: Die Physik Gottes. Scorpio, München 2010

Krishnamurti, Jiddu: Das Notizbuch, Grafing 2014

Krishnamurti, Jiddu: Fragen und Antworten, Grafing 2003

Lipton, Bruce: Der Honeymoon Effekt. Liebe geht durch die Zellen. KOHA-Verlag, Burgrain 2013

Long, Barry: Sexuelle Liebe auf göttliche Weise. (12. Aufl. 2009), MB-Verlag, Freiburg

Long, Barry: Nur die Angst stirbt. Ein Buch der Befreiung. J. Kamphausen, Bielefeld 1995

Long, Barry: Stille ist der Weg. Meditation und jenseits davon. MB Verlag/Neue Erde, 2008

Massa, Willi (Hrsg.): Wolke des Nichtwissens. Herder 2016

McDermott, Robert (Hrsg): Sri Aurobindo. Vorbote eines Neuen Zeitalters. Aquamarin Verlag (nur antiquarisch erhältlich)

McGinn, Colin : Wie kommt der Geist in die Materie? Das Rätsel des Bewusstseins. Piper, München 2005

Meister Eckhart: Deutsche Predigten und Traktate, Diogenes, München 1963

Metzinger, Thomas (Hrsg.): Bewusstsein. Beiträge aus der Gegenwartsphilosophie. Mentis, Paderborn 1995

Meyer, Christian: Aufwachen im 21. Jahrhundert: Die größte Herausforderung deines Lebens. J. Kamphausen, Bielefeld 2014

Meyer, Christian: Ein Kurs in wahrem Loslassen: Durch das Tor des Fühlens zu innerer Freiheit. Goldmann/Arkana, München 2016

Meyer-Galow, Erhard: Leben im Goldenen Wind. Jetzt bin ich endlich mal da! Reifungs- und Transformationsprozess eines Topmanagers. Frieling & Huffmann, 2011

Michel, Peter: Krishnamurti. Ein Mensch der Zukunft. Aquamarin Verlag, Grafing 2007

Mr. Wilson: Die Weisheit des Wellenreiters: In drei Stufen zum Surfen der Lebenswellen. TB, tao.de
Nachmanovitch, Stephen: Free Play: Kreativität geschehen lassen. O. W. Barth, München 2013
Nitzschke, Ulrich: Revolution im Spiri-Land. Die Erleuchtung wird entzaubert. Tao.de im J. Kamphausen Verlag, Bielefeld 2014
Parsons, Tony: Diese Freiheit. Worte weisen auf das Wortlose. J. Kamphausen, Bielefeld 2016
Roth, Gerhard : Das Gehirn und seine Wirklichkeit. Kognitive Neurobiologie und ihre philosophischen Konsequenzen. Suhrkamp, Berlin 1996
Salvesen, Christian: Advaita. Vom Glück, mit sich und der Welt eins zu sein. O. W. Barth, München 2003
Salvesen, Christian: Der Sechste Tibeter®. Das Geheimnis erfüllter Sexualität. Scherz, München 2002
Salvesen, Christian: Der Siebte Tibeter®. Die eigene Stimme entdecken und wirksam einsetzen. Scherz im S. Fischer Verlag, Frankfurt am Main 2004
Salvesen, Christian: Leben im Rhythmus. O.W. Barth, München 2006
Salvesen, Christian: Liebe – das Herz aller Weltreligionen. O. W. Barth 2008
Salvesen, Christian: Sex, Haschisch und Erleuchtung. Ein Liebesroman. tao.de, Bielefeld 2014
Salvesen, Christian: Stadtvögel und andere Kreaturen. Tredition/amazon, 2014
Satprem: Sri Aurobindo oder das Abenteuer des Bewusstseins. Aquamarin, Grafing 2010
Soeffker, Eduard und Sigrid: Barfußwandern. Münchner Berge und Alpenvorland. Rother Bergverlag
Sri Aurobindo: Kaskaden des Lichts. Kreuz-Verlag, München 2001
Sri Aurobindo: Savitri. Sinnbild und Legende. Hinder & Deelmann, Gladenbach 1992
Sri Aurobindo, Briefe über den Yoga, Bd 1, Pondicherry/Indien: Sri Aurobindo Ashram Publication Department 1988 (2. Aufl.)
Stevenson, Ian: Reinkarnationsbeweise. Aquamarin Verlag, Grafing 1999
Stevenson, Ian: Reinkarnation: Der Mensch im Wandel von Tod und Wiedergeburt. 20 überzeugende und wissenschaftlich bewiesene Fälle. Aurum im Kamphausen Verlag, Bielefeld 2003
Stevenson, Ian: Reinkarnation in Europa. Erfahrungsberichte. Aquamarin Verlag, Grafing 2005
Tolle, Eckhart: Jetzt – die Kraft der Gegenwart, J. Kamphausen, Sonderausgabe, Bielefeld 2010
Tolle, Eckhart: Teilausgabe: Lebendige Beziehungen JETZT! Kamphausen, Bielefeld 2013
Tolle, Eckhart: Leben im Jetzt. Lehren, Übungen und Meditationen aus ‚The Power of Now'. Goldmann, München 2002
Tolle, Eckhart: Stille spricht. Wahres Sein berühren. Goldmann, München 2003
Tolle, Eckhart: Eine neue Erde. Bewusstseinssprung anstelle von Selbstzerstörung. Goldmann, München 2005, E-Book
Tolle, Eckhart: Teilausgabe: Die Einheit allen Lebens. Goldmann, München 2010
Tolle, Eckhart: Die große Heilung kommt mit dem Erwachen (im Gespräch mit Oliver Klatt). Aquamarin, Grafing 2009
Tolle, Eckhart: Miltons Geheimnis. Kamphausen, Bielefeld 2009
Tolle, Eckhart: Tolles Tierleben. Kamphausen, Bielefeld 2009
Weiss, Brian L.: Seelenwege: Reinkarnation und zukünftige Lebensweg. Ullstein TB, Berlin 2010
Wilber, Ken: Integrale Vision: Eine kurze Geschichte der integralen Spiritualität. Kösel, München 2009

Wilber, Ken: Eros, Kosmos, Logos: Eine Jahrtausend-Vision. Fischer TB, Frankfurt am Main 2001
Wilber, Ken: Einfach ‚Das': Tagebuch eines ereignisreichen Jahres. Fischer TB, Frankfurt am Main 2001

Webseiten

https://www.eckharttolle.com/ (offizielle homepage)
http://www.eckharttolle.de/ (deutsche homepage)
www.mystica.tv (http://www.mystica.tv/?s=Salvesen)
www.integralesforum.org (deutsch) Ken Wilber
www.sri**aurobindosociety**.de (Aurobindo Society Deutschland)

Musik-CDs

Deva Premal: *Embrace, The Essence, Love Is Space u.a.* Prabhu/Silenzio
Bollmann, Christian: *Heilende Klänge.* Lichthaus-Musik
Goldman, Jonathan: *Chakra-Chants* Etherean/Silenzio
Subway Bhaktis: Sita Ram. Silenzio

Eckhart Tolle: Filme und Tondokumente

Bewusstsein wächst durch Herausforderungen. Vortrag in der Schweiz 2015, DVD, J. Kamphausen.
Jetzt! Die Kraft der Gegenwart. Kamphausen, Bielefeld 2008, ISBN 978-3-93349-671-3 (Als Lesung des Autors auf 8 CDs)
Die Transformation des Bewusstseins. (Als DVD oder Video)
Entdecke deine innere Tiefe. Vortrag in Hamburg 2015, DVD, J. Kamphausen
Freiheit von Gedanken. (Als DVD oder Video)
Torwege zum Jetzt. (CD) Die drei Techniken zu höherem Bewusstsein.
Freiheit von Gedanken. Kamphausen, Bielefeld 2015 ISBN 978-3-95883-050-9 (3 Audio-CDs des Vortrags in Fürstenfeldbruck vom 9. Mai)
Es ist immer Jetzt! Kamphausen, Bielefeld 2013, ISBN 978-3-89901-741-0 (5 CDs Audios der Vorträge in Zürich und Bern vom 11. und 15. Mai)
Finde die Stille in Dir Kamphausen, Bielefeld 2014, ISBN 978-3-89901-968-1 (6 Audio-CDs).
Leben aus der Fülle des Seins, Kamphausen, Bielefeld 2008, ISBN 978-3-89901-133-3 (1 DVD-Video, beziehungsweise 2 CDs Audio des Vortrages in Berlin am 15. September 2007)
Eine neue Erde: Bewusstseinssprung anstelle von Selbstzerstörung (Als Lesung des Autors auf 9 CDs)
Entdecke deine Bestimmung im Leben, Kamphausen, Bielefeld 2009, ISBN 978-3-89901-206-4 (1 DVD eines Vortrags in California, 2008 mit deutschen Untertiteln)
Leben im Jetzt – aber wie? Teil 1 und 2, Kamphausen, Bielefeld 2010, 1 DVD-Video (ISBN 978-3-89901-384-9) beziehungsweise 2 Audio-CDs (ISBN 978-3-89901-431-0) der Vorträge in Karlsruhe (26. Oktober 2010) und 1 DVD-Video (ISBN 978-3-89901-385-6) beziehungsweise 2 Audio-CDs (ISBN 978-3-89901-432-7) in Hannover (28. Oktober 2010). *Warum es wichtig ist, anders zu sein: Der legendäre Dialog mit Wayne W. Dyer*, 1 DVD-Video mit deutscher Tonspur und Buch zum Gespräch auf Hawaii (29. Oktober 2011)
Wirkliche Veränderung beginnt in dir: Vortrag in Karlsruhe 2015, DVD, J. Kamphausen

Ein neues Denken

Auch wenn Eckhart Tolle und Sri Aurobindo keine Zeitgenossen waren, werden beide doch mit Fug und Recht als die beiden größten Pioniere in der Erforschung des menschlichen Bewusstseins bezeichnet. In bewegenden Gesprächen und anhand faszinierender Texte belegt A. S. Dalal, wie die beiden Meisterdenker und Mystiker den kommenden neuen Menschen und die heraufziehende neue Welt sehen. Ein wegweisendes Buch, das eine neue Dimension des Bewusstseins aufzeigt und Mut und Hoffnung für die Zukunft schenkt!

Eckhart Tolle und Sri Aurobindo

Ein neues Denken – Ein neuer Mensch – Eine neue Welt

ISBN: 978-3-89427-614-0